P. P.

Ines Scheurmann

Pflanzen fürs Aquarium

Experten-Rat für Auswahl,
Bepflanzung, Pflege und
Vermehrung

Farbfotos: Burkard Kahl und
A. van den Nieuwenhuizen
Zeichnungen: Marlene Gemke

GU GRÄFE
UND
UNZER

Inhalt

*Vorhergehende
Doppelseite:
Pflanzenaquarium
mit einem prächti-
gen Bestand von
Kardinalslobelien
(vorn) mit zarten
Fischarten.*

*Zur Zeichnung:
Barters Speerblatt
(Anubias barteri),
eine dekorative
Pflanze, von der
es verschiedene
Varietäten gibt.*

Vorwort

Was macht das Aquarium zur echten Attraktion in der Wohnung? Sind es die bunten Fische? Nicht allein! Üppig gedeihende Wasserpflanzen fangen den Blick des Betrachters ein. Worauf es bei Aquarienpflanzen ankommt, erklärt Ihnen die GU Aquaristik-Expertin Ines Scheurmann. Grundvoraussetzung für das Gedeihen der Pflanzen ist die richtige Pflege des Lebenselementes Wasser. Die Technik im Aquarium – Beleuchtung, Heizung, Filter – muß stimmen. Die Auswahl der Wasserpflanzen und das fachmännische Einsetzen in den Bodengrund spielen eine weitere wichtige Rolle bei der Gestaltung des Aquariums. Auf Praxis-Seiten erhalten Sie – in Zeichnungen veranschaulicht – wichtige Tips fürs Einpflanzen und Anregung durch Bepflanzungspläne. Desweiteren erfahren Sie, was bei der Pflanzenpflege und -vermehrung zu beachten ist und wie Krankheiten und Schädlinge bekämpft werden können. Ein ausführliches Lexikon verschafft einen raschen Zugriff auf alle wichtigen Begriffe rund um die Unterwasserwelt der Pflanzen. Ganz gezielt können Sie sich schließlich im Steckbrief-Teil über die schönsten Aquarienpflanzen – vorgestellt in Farbfotos – informieren.

Viel Freude an Ihren Aquarienpflanzen wünschen Ihnen Autorin und GU Naturbuch-Redaktion.

Bitte beachten Sie die »Wichtigen Hinweise« auf Seite 95

3

Wissenswertes über Aquarienpflanzen

Warum Pflanzen im Aquarium wichtig sind

Aquarienpflanzen produzieren Sauerstoff, nehmen das von den Fischen ausgeschiedene Kohlendioxid auf und helfen bei der Aufarbeitung von Abfallstoffen. Durch diese Fähigkeiten tragen die Pflanzen entscheidend dazu bei, ein stabiles Aquarienmilieu zu schaffen.

Wie Pflanzen Sauerstoff produzieren

Mit Hilfe der grünen Blattfarbstoffe, der Chlorophylle, können die Pflanzen das Sonnenlicht als Energiequelle nutzen. Aus Wasser und Kohlendioxid stellen sie in den grünen Pflanzenteilen die Kohlenhydrate her, aus denen sie sich selbst aufbauen. Bei diesem Vorgang, den man als Photosynthese bezeichnet, wird Sauerstoff freigesetzt, gewissermaßen als Abfallprodukt dieser »Assimilation«. Da der Sauerstoff, den wir atmen, von den grünen (chlorophyllhaltigen) Pflanzen, also den Algen, Moosen, Farnen und Blütenpflanzen, produziert wird, können weder Tiere noch Menschen ohne Pflanzen leben.
Erst nachdem sich vor etwa zweieinhalb bis drei Milliarden Jahren die ersten einzelligen Algen mit Chlorophyll entwickelt hatten, konnte auch die Entwicklung der tierischen Lebewesen beginnen. Vorher gab es nur Mikroorganismen und Bakterien, die mit dem wenigen Sauerstoff der Uratmosphäre auskamen oder ganz ohne ihn leben konnten.

Wie Pflanzen atmen

Pflanzen assimilieren nicht nur und erzeugen dabei Sauerstoff, sondern sie atmen auch. Ebenso wie die Tiere atmen sie Sauerstoff ein und Kohlendioxid aus. Die Photosynthese findet nur bei Tag beziehungsweise bei ausreichender Beleuchtung der Pflanzen statt. Sie können also nur assimilieren und Sauerstoff erzeugen, wenn sie genügend Licht haben. Die Atmung dagegen läuft ständig ab, bei Tag und auch bei Nacht.

Was die Pflanzen sonst noch können

• Sie reinigen im Aquarium das Wasser von Abfallstoffen, die durch die Ausscheidungen der Fische und die Fütterung ins Wasser kommen. Die stickstoffhaltigen Substanzen, die dabei entstehen, werden von den Pflanzen abgebaut und als Dünger aufgenommen.
• Viele Pflanzen enthalten bakterientötende Stoffe, mit denen sie auch bakteriell verseuchtes Wasser für Fische wieder bewohnbar machen können.
• Gesunde Pflanzen geben ein wenig Sauerstoff in die Umgebung ihrer Wurzeln ab, so daß der Bodengrund dort nicht fault.
• Auf den Pflanzen siedeln sich Bakterien und kleinere Algen an, die ebenfalls das Wasser reinigen können.

Die Wasserhyazinthe (Eichhornia crassipes) hat duftend blaue Blüten.

Der Tigerlotus (Nymphaea lotus) gehört zur Familie der Wasserrosengewächse. ▷

Die meisten Aquarienpflanzen zählen zur artenreichsten und höchstentwickelten Pflanzengruppe: den Blütenpflanzen. Diese Pflanzen
• haben Wurzeln, Stengel, Blätter und Blüten,
• pflanzen sich durch Samen fort,
• besitzen komplizierte Leitungs- und Festigungssysteme aus hochdifferenzierten Zelltypen.
Hinweis: Moose, Farne und Algen sind einfacher gebaut.

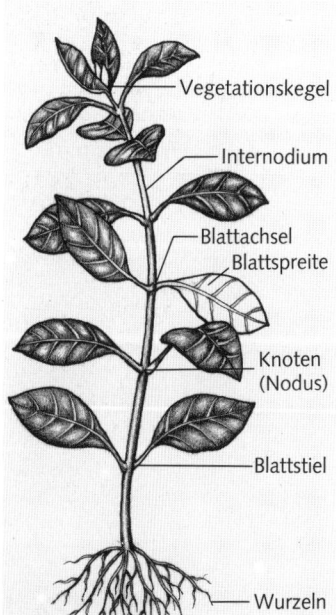

1| Aufbau der Pflanze am Beispiel einer Stengelpflanze.

Labels in der Zeichnung:
Vegetationskegel
Internodium
Blattachsel
Blattspreite
Knoten (Nodus)
Blattstiel
Wurzeln

Bau der Pflanzen
Zeichnung 1
Der oberirdische Sproß der Blütenpflanzen besteht aus der Sproßachse, den Blättern und den Blüten.
Sproßachse nennt der Botaniker die Hauptachse jeder Pflanze, gleichgültig, ob es sich um den zarten Stengel einer *Limnophila*-Art oder um den Stamm eines Mammutbaums *(Sequoiadendron giganteum)* handelt. Die Spitze der Sproßachse ist die Wachstumszone der Pflanze, sie wird Vegetationsspitze oder Vegetationskegel genannt.
Sproßachsen können gestreckt oder gestaucht wachsen.
• Stengelpflanzen haben eine gestreckte Sproßachse, an denen die Blätter in so großen Abständen stehen, daß man den Stengel noch sehen kann.
• Rosettenpflanzen besitzen eine gestauchte Sproßachse. Die Blätter stehen so dicht nebeneinander, daß sie eine grundständige Blattrosette bilden.
Die Blätter entstehen an der Sproßachse. Sie gliedern sich in Blattspreite (den Teil, den wir als »Blatt« bezeichnen) und den Blattstiel. Die Stellen, an denen die Blätter entstehen, sind bei Pflanzen mit gestreckter Sproßachse oft verdickt. Man nennt sie Knoten (lateinisch: Nodi). Die blattlosen Teile dazwischen bezeichnet man als Internodien.
Die Blätter können in verschiedener Weise angeordnet sein (→ Zeichnung 2).
Aus den Blattachseln entwickeln

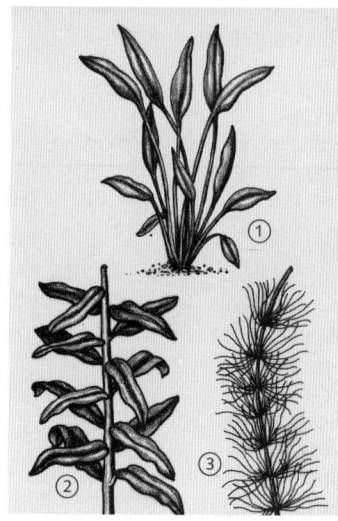

2| Blattstellung : 1= grundständige Blattrosette, 2= kreuzständig bei Stengelpflanzen, 3= quirlständig bei Stengelpflanzen

sich die Seitenzweige der Sproßachse.
Auf der Oberseite der Blattspreiten, den grünen Blattstielen und grünen Stengeln befindet sich das chlorophyllhaltige Assimilationsgewebe, in dem die Photosynthese stattfindet.
An der Unterseite der Blätter von Landpflanzen und bei Überwasserblättern von Sumpfpflanzen liegen die Spaltöffnungen, die die Pflanze aktiv erweitern oder verengen kann. Durch diese Öffnungen erfolgt der Gasaustausch, das heißt, die Aufnahme und die Abgabe von Sauerstoff (O_2) und Kohlendioxid (CO_2) sowie die Abgabe von Wasserdampf. Typische Unterwasserblätter besitzen keine Spaltöffnungen, der Gasaustausch erfolgt über die gesamte Blattoberfläche.

Die Wurzel verankert die Pflanze am Untergrund und nimmt die Nährstoffe aus dem Boden auf.

Speicherorgane kommen bei verschiedenen Aquarienpflanzen vor. Die bei der Photosynthese entstehenden Zucker werden meist schon in den Blättern zu Stärke umgewandelt. Teilweise wird diese Stärke in den Blättern, teilweise in der Sproßachse oder in gesonderten Speicherorganen abgelagert. Bei Wasserpflanzen kommen verschiedene Formen von Speicherorganen vor:

• Verdickte unterirdische Sproßachsenteile, Rhizome genannt (Beispiel: *Echinodorus*-Arten).
• Aus der Sproßachse entstehende Knollen (Beispiel: *Aponogeton*-Arten).
• Zwiebeln (Beispiel: *Crinum*-Arten).

Die Blüte sorgt für die Fortpflanzung und für die Vermehrung durch Samen.

Die Fortpflanzungsorgane, das heißt die Staubblätter (männlich) und die Fruchtblätter (weiblich), sitzen auf der verdickten Spitze der Sproßachse (Blütenachse) und sind von ungeschlechtlichen Hüllblättern umgeben.

Blattanordnung
Zeichnung 2
Bei Stengelpflanzen sind die Blätter wechselständig, kreuzgegenständig oder quirlständig angeordnet.
Bei Rosettenpflanzen bilden die Blätter eine grundständige Blattrosette.

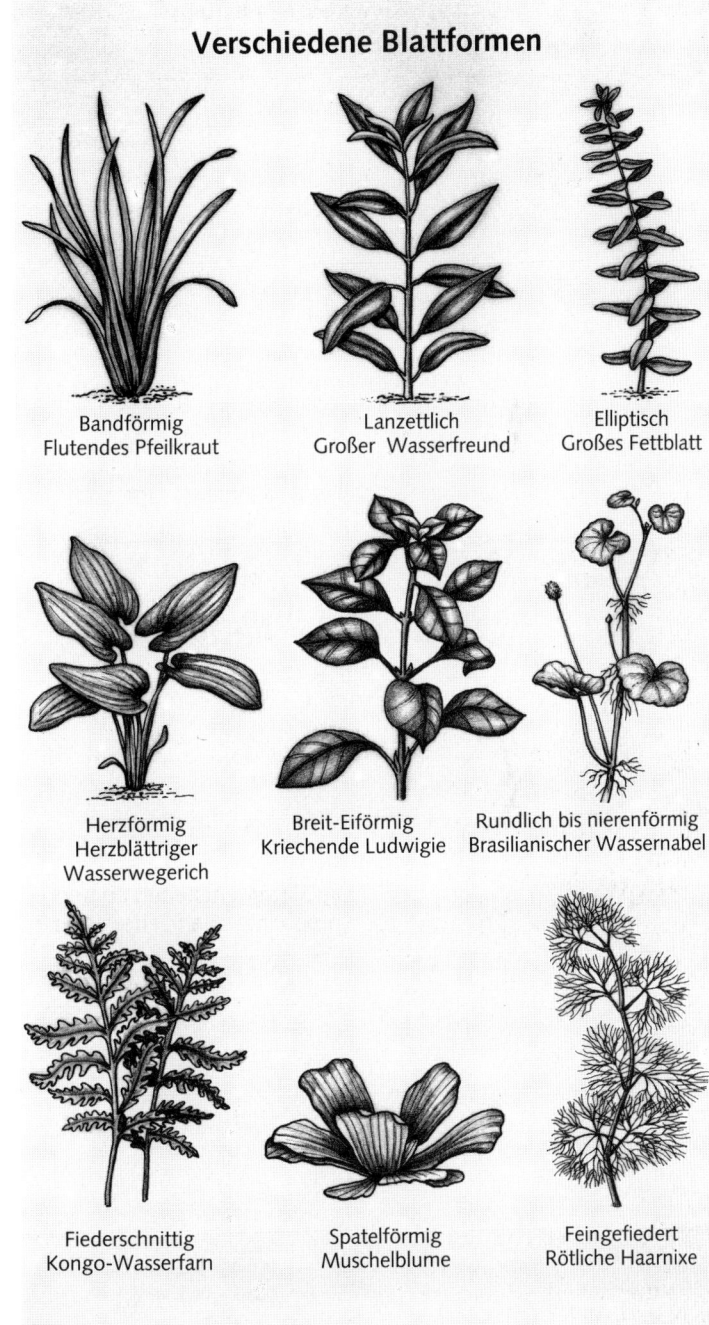

Verschiedene Blattformen

Bandförmig
Flutendes Pfeilkraut

Lanzettlich
Großer Wasserfreund

Elliptisch
Großes Fettblatt

Herzförmig
Herzblättriger
Wasserwegerich

Breit-Eiförmig
Kriechende Ludwigie

Rundlich bis nierenförmig
Brasilianischer Wassernabel

Fiederschnittig
Kongo-Wasserfarn

Spatelförmig
Muschelblume

Feingefiedert
Rötliche Haarnixe

Anpassung an das Wasserleben

Wasserpflanzen besitzen ein sehr stark entwickeltes Luftgefäßsystem, das die ganze Pflanze von den Blättern bis in die äußersten Wurzelspitzen durchzieht. Dadurch erhält sie im Wasser Auftrieb. Da das Wasser die Pflanze trägt, besitzen ihre Stengel und Blätter weit weniger Festigungsgewebe als die der Landpflanzen.

Wie bei Landpflanzen sind auch bei Wasserpflanzen die dem Licht zugewandten Blattoberseiten kräftiger grün gefärbt als die Blattunterseiten, denn die Oberseiten enthalten die Hauptmenge an Chlorophyllen.

Die Schutzschicht über Blättern und Stengeln (Kutikula), die bei Landpflanzen das Austrocknen verhindert, ist bei Wasserpflanzen so dünn und zart, daß sie Gase und Nährstoffe direkt über die Blatt- und Stengeloberfläche aus dem Wasser aufnehmen können.

Anpassung an den natürlichen Standort

Nicht alle Pflanzen, die man im Aquarium halten kann, sind Wasserpflanzen im eigentlichen Sinne. Viele wachsen in Sumpfgebieten oder in Gewässern mit jahreszeitlich wechselndem Wasserstand.

Jedes Jahr stehen sie einige Monate lang außerhalb des Wassers (emers) oder ragen wenigstens über den Wasserspiegel hinaus.

Man unterscheidet also zwischen Wasser- und Sumpfpflanzen beziehungsweise submers und emers wachsenden Pflanzen.

Submers nennt man Pflanzen oder Pflanzenteile, die sich ständig unter Wasser befinden.

Emers nennt man Pflanzen oder Pflanzenteile, die sich über den Wasserspiegel erheben.

Wasserpflanzen

Sie leben ganzjährig submers. Ihre Blätter sind dünn und zart, bei vielen Arten fein gefiedert oder vielfach geschlitzt, so daß sich eine große Gesamtoberfläche ergibt.

Typische Beispiele dafür sind: *Egeria*- und *Elodea*-Arten (Wasserpest), *Ceratophyllum*-Arten (Hornkraut).

Wasserpflanzen können Gase und Nährstoffe direkt aus dem Wasser aufnehmen.

Blätter der Flutenden Hakenlilie (Crinum natans).

Die Wurzeln sind bei manchen Arten nur noch Haftorgane oder ganz reduziert. Hornkraut zum Beispiel ist wurzellos, die Pflanze verankert sich am Boden mit Hilfe umgewandelter Blätter.

Die Blüten der Wasserpflanzen erscheinen jedoch emers, da sie meist von Fluginsekten bestäubt werden.

Sumpfpflanzen

Nur während der feuchten Jahreszeit leben diese Pflanzen mehr oder weniger untergetaucht (submers). Bei sinkendem Wasserstand stehen sie ganz oder teilweise emers, das heißt, sie ragen aus dem Wasser heraus. Während dieser Zeit treiben sie harte, feste Überwasserblätter und sie nehmen Wasser und Nährstoffe allein über die Wurzeln auf.

Ihre emersen Stengel und Blätter gleichen im Bau denen von Landpflanzen, brauchen zum Gedeihen aber eine höhere Luftfeuchtigkeit als diese.

Ihre submersen Blätter sind zarter als die der emersen, aber viel gröber als die der typischen Wasserpflanzen und bei den meisten Arten ganzrandig und nur selten gelappt oder gekerbt. Typische Beispiele: Echinodorus-Arten (Amazonas-Schwertpflanzen), Cryptocorynen (Wasserkelche). Sumpfpflanzen nehmen den Hauptanteil der Nährstoffe über die Wurzeln aus dem Gewässerboden auf, auch wenn man sie im Aquarium submers hält. Hier wachsen sie daher am besten in vorgedüngtem Bodengrund.

Ihre Blüten treiben sie emers, viele Arten (zum Beispiel Cryptocorynen) blühen und fruchten überhaupt nur, wenn man im Aquarium die jahreszeitlichen Wasserstandsschwankungen nachahmt.

Ausschnitt aus dem Blatt einer Gitterpflanze.

Hinweis: Eine detaillierte Beschreibung und individuelle Pflegeanleitungen für beliebte Aquarienpflanzen finden Sie auf den Seiten 62 bis 89. Alle beschriebenen Pflanzen sind in einem Farbfoto abgebildet.

Zum Foto:
Die wunderschöne Gitterpflanze (Aponogeton madagascariensis), kommt aus Madagaskar. In ihrer Heimat ist diese Pflanze schon recht selten geworden. Sie ist sehr schwer zu halten und sollte deshalb nur von wirklich versierten Aquarianern gepflegt werden.

Lebenselement Wasser – richtig gepflegt

Damit die Pflanzen im Aquarium biologisch leistungsfähig bleiben, Sauerstoff produzieren, Abfallstoffe aufnehmen und ihre übrigen wasserreinigenden Eigenschaften entwickeln, müssen sie möglichst optimal mit allem versorgt werden, was sie zum Leben brauchen. Neben den Ansprüchen an Licht und Wärme, muß ihr Lebenselement, das Wasser, auf ihre Bedürfnisse abgestimmt sein.

Die Qualität des Wassers entscheidet, ob Ihre Aquarienpflanzen gedeihen und sich prächtige Bestände entwickeln oder ob sie dahinkümmern. Achten Sie bei der Auswahl der Pflanzen auch darauf, daß die Arten gleiche oder ähnliche Ansprüche an die Wasserverhältnisse haben

Der Sauerstoff (O_2)

Für alle Organismen ist Sauerstoff (O_2) das wichtigste Lebensmittel. Pflanzen und Tiere brauchen ihn zum Atmen. Filterbakterien, die Abfallstoffe wie Futterreste und Ausscheidungen der Fische zersetzen und in für Fische ungiftige Substanzen umwandeln, können ihre Arbeit nur leisten, wenn ihnen genug O_2 zur Verfügung steht.

Der im Wasser gelöste Sauerstoff stammt zum Teil aus der Luft, zum Teil wird er von den Pflanzen bei der Photosynthese produziert. Im allgemeinen stehen Wasser und Luft miteinander im Gasgleichgewicht, das heißt, Sauerstoff aus der Luft diffundiert ins Wasser hinein, wenn das Wasser zu wenig O_2 enthält. Ist im Wasser zuviel O_2 gelöst, entweicht der Sauerstoff in die Luft. Unter solchen Gleichgewichtsbedingungen sind etwa 9 mg O_2 in 1 l Wasser gelöst. Der optimale Sauerstoffgehalt, bei dem Fische und Pflanzen am besten gedeihen, liegt bei 5 bis 7 mg O_2/l Wasser (bei Tage, wenn Photosyn-

these möglich ist). Die meisten Aquarien mit besonders üppigem Pflanzenwuchs weisen solche O_2-Werte auf.

O_2-Gehalt prüfen: Meßreagenzien zur O_2-Bestimmung erhalten Sie im Zoofachhandel. Da in bepflanzten Aquarien tagsüber bei der Photosynthese viel O_2 entsteht, liegt der O_2-Gehalt morgens niedriger als abends. Wenn Sie die O_2-Messung morgens und nachmittags durchführen, haben Sie ein Maß für die Leistungsfähigkeit Ihrer Pflanzen.

Pflegetip: Versuchen Sie, in Ihrem Aquarium möglichst den optimalen O_2-Gehalt von 5 bis 7 mg/l Wasser zu erreichen. Dies gelingt am besten in Becken mit vielen Pflanzen, wenigen Fischen und sauberem Wasser, in denen den Pflanzen ein Optimum an Licht, Wärme und allen Nährstoffen zur Verfügung steht.

Sauerstoffmangel
Stellt sich häufig in schlecht gepflegten Aquarien ein, zum Beispiel
• in mit Fischen überbesetzten Becken, in denen nur wenige Pflanzen stehen,
• in Becken mit verschmutzten und verstopften Filtern, verschlammtem Bodengrund und herumliegenden Futterresten und Mulmbergen,
• in schlecht beleuchteten Becken, in denen die Pflanzen aus Lichtmangel keine Photosynthese leisten,
• in Becken, in denen die Pflanzen nicht gedüngt werden und Mangel erleiden.

In solchen Fällen gelangt zwar Sauer-

stoff aus der Luft ins Wasser, aber das Defizit kann nicht schnell genug ausgeglichen werden. Liegt der O_2-Gehalt unter 2 mg/l Wasser, schnappen die Fische an der Wasseroberfläche nach Luft, und die Filterbakterien arbeiten zu langsam oder gar nicht mehr ($\rightarrow$ Seite 48).
Pflegetip: Bei ständigem O_2-Mangel muß man das gesamte Aquarienmilieu grundlegend verbessern.

Sauerstoffüberschuß
Entsteht manchmal in sehr gut gepflegten Aquarien, zum Beispiel
• in dicht bepflanzten Becken mit nur wenigen Fischen,
• in Becken mit sauberem Wasser und gepflegten Filtern,
• in Becken, in denen die Pflanzen optimal mit Licht, Wärme und Nährstoffen versorgt werden.
In solchen Fällen verläuft die Photosynthese oft so schnell, daß der O_2-Gehalt auf mehr als 9 mg/l Wasser ansteigt. Der überschüssige Sauerstoff entweicht dann allmählich in die Luft. So stark mit Sauerstoff angereichertes Aquarienwasser enthält jedoch kaum noch Pflanzennährstoffe. ($\rightarrow$ Ammonium, Seite 15).
Pflegetip: Bei ständigem O_2-Überschuß reduzieren Sie die Beleuchtung: Schalten Sie eine Leuchtstoffröhre ab oder wählen Sie Röhren mit geringerer Leistung.

Das Kohlendioxid (CO_2)
Am wichtigsten Pflanzennährstoff, dem Kohlendioxid (CO_2), darf es im Aquarium nicht mangeln, sonst gedeihen die Pflanzen nicht. Um das richtige Maß zu finden, müssen Sie jedoch unbedingt bei der Bepflanzung und Besetzung des Beckens sowohl die Ansprüche der Fische als auch der Pflanzen berücksichtigen.

CO_2-Gehalt kontrollieren: Es gibt verschiedene Möglichkeiten:
• Tropfindikatoren und kleine Testgeräte, sogenannte CO_2-Dauertests (im Zoofachhandel erhältlich). Diese Geräte werden mit Indikatorflüssigkeit gefüllt, die auf die pH-Änderungen des Wassers reagiert, wenn diese durch Zufuhr von oder Mangel an Kohlendioxid verursacht wurden.
• Den pH-Wert und den KH-Wert messen, Werte auf der Tabelle unten suchen, am Schnittpunkt beider Werte finden Sie die im Aquarium vorhandene CO_2-Menge in mg/l. Der dunkel gefärbte Bereich zeigt die CO_2-Werte, die für Fische zu hoch sind. Nicht anwendbar ist die Tabelle bei Torffilterung.
Hinweis: Ein bepflanztes Aquarium braucht jeden Tag etwa 1 g CO_2/100 l Wasser. Stellen Sie ihr CO_2-Düngegerät so ein, daß der CO_2-Gehalt Ihres Aquarienwassers zwischen 10 und 40 mg/l liegt.

CO_2-Gehalt im Aquarienwasser bestimmen

	pH					
°dKH	6,0	6,4	6,8	7,2	7,6	8,0
1	30	11	4,5	2,0	1,0	0,5
2	59	24	9,5	3,5	1,5	0,5
3	87	35	14,0	5,5	2,0	1,0
4	118	47	18,5	7,5	3,0	1,0
5	147	59	23,0	9,5	3,5	1,5
6	177	71	28,0	11,0	4,5	2,0
8	240	94	37,0	15,0	6,0	2,5
10	300	118	47,0	18,5	7,5	3,0
15	440	176	70,0	28,0	11,0	4,5
20	590	240	94,0	37,0	14,5	6,0

• Der dunkel gefärbte Bereich zeigt die CO_2-Werte, die für Fische zu hoch sind.

• Tabelle nicht anwendbar bei Torffilterung. CO_2-Werte = mg/l.

• **Handhabung der Tabelle:** ph-Wert und KH messen, Werte auf der Tabelle suchen, am Schnittpunkt finden Sie den CO_2-Gehalt Ihres Aquarienwassers. Weichen gemessene pH- und KH-Werte von den in der Tabelle aufgeführten Werten ab, nehmen Sie die am nächsten liegenden Werte.

Einen reizvollen Kontrast bildet das Rote Papageienblatt zum Indischen Wasserstern im Hintergrund.

CO_2-Mangel

Bei CO_2-Mangel können die Pflanzen nicht assimilieren und daher auch keinen Sauerstoff bilden – was negative Folgen für das Aquarienmilieu hat. Auch wenn die Pflanzen gut gedüngt und beleuchtet werden, wachsen sie bei CO_2-Mangel schlecht.

<u>Pflegetip:</u> Es empfiehlt sich, die Pflanzen mit Kohlendioxid zu düngen. Für Aquarien wurden verschiedene Methoden zur Kohlendioxid-Versorgung entwickelt:

• Schon einfache Geräte – wie Diffusionsglocken mit Sprühflaschen - können die Pflanzen zu zufriedenstellendem Wachstum anregen.
• Weit günstiger sind die CO_2-Düngegeräte, bei denen aus einer Druckflasche durch einen Diffusor ständig ein klein wenig CO_2 ins Wasser entweicht. Die Abgabemenge wird durch ein elektronisches Meß- und Steuergerät konstant gehalten. Die Druckflaschen werden ausgewechselt, sobald sie leer sind.

• Für den kurzzeitigen Einsatz kann man ein »Bio-Kohlensäure-Gerät« nehmen, das CO_2 durch Gärung von Hefen erzeugt. Das Gerät arbeitet höchstens 4 Wochen lang.

Mein Tip: Bei Nacht atmen die Pflanzen nur und assimilieren nicht, sie brauchen daher kein zusätzliches CO_2. Deshalb das Düngegerät an die Schaltuhr anschließen, die auch die Lampen steuert. Sie schaltet das Gerät ab, wenn das Licht ausgeht.

CO_2-Überschuß

Bis auf wenige Arten schaden hohe CO_2-Werte den Pflanzen nicht, wohl aber den Fischen. Sie müßten ersticken.

Pflegetip: CO_2 läßt sich durch starke Wasserbewegung leicht austreiben. Stark bewegtes, eventuell sogar durch Ausströmersteine belüftetes Wasser bietet den Pflanzen jedoch keine guten Lebensbedingungen, weil ihr wichtigster Nährstoff, das CO_2 entweicht. Für Fische dagegen ist das bewegte Wasser günstig. Diese unterschiedlichen Bedürfnisse der Tiere und Pflanzen müssen Sie berücksichtigen, wenn Sie die Bepflanzung und die Besetzung Ihres Aquariums zusammenstellen und das Filterzubehör aussuchen.

Die Wasserhärte

Daß Aquarienwasser »hart« oder »weich« sein kann, wissen heute meist schon Aquarien-Neulinge. Härtebildner sind die Salze der Erdalkalimetalle, in erster Linie die des Calciums und Magnesiums. Wasser, das viele dieser Mineralsalze enthält, nennt man hart; Wasser, das wenig davon enthält, nennt man weich.

In der Aquaristik gibt man die Wasserhärte (Gesamthärte) in Härtegraden an:

• 1 dGH entspricht 10 mg Calcium- oder Magnesiumoxid in 1 l Wasser. Der Wasserchemiker verwendet den Begriff "Summe der Erdalkalien" und mißt in Mol/m^3 beziehungsweise in mmol/l.

• 1 Mol = Gewicht in Gramm pro Liter geteilt durch das Molekulargewicht des betreffenden Stoffes (1 mmol = 1/1000 mol). In Bezug auf die Gesamthärte entspricht 1 mmol/l jeweils 5,7 dGH.

Härtegrade des Wassers
Folgende pauschale Bezeichnungen haben sich eingebürgert:

0 bis 4 °dGH	= sehr weiches Wasser
5 bis 8 °dGH	= weiches Wasser
9 bis 12 °dGH	= mittelhartes Wasser
13 bis 18 °dGH	= hartes Wasser
über 18 °dGH	= sehr hartes Wasser

Die Karbonathärte: Für die Pflanzen ist die Gesamthärte bei weitem nicht so wichtig wie die Karbonathärte (dKH) - heute "Säurekapazität" genannt und ebenfalls in mmol/l gemessen:

• 1 mmol/l = 2,7 °dKH.

Gebildet wird die Karbonathärte durch die Hydrogenkarbonate und Karbonate , also durch die Calcium- und Magnesium-Salze der Kohlensäure (→ Seite 15).

Als Nichtkarbonathärte bezeichnet man die nach dem Kochen verbleibende, »permanente« Härte des Wassers, die durch Calcium- und Magnesiumsulfat und andere Verbindungen hervorgerufen wird.

• Die Summe aus Karbonathärte und Nichtkarbonathärte ergibt also (im Normalfall) die Gesamthärte.

Die richtige Wasserhärte: Die meisten Fische und Pflanzen lassen sich am besten pflegen bei einer

	Umrechnung	
°dKH	in	mmol
1°		0,36
2°		0,71
3°		1,07
4°		1,43
5°		1,79
6°		2,14
7°		2,50
8°		2,86
9°		3,21
10°		3,75
11°		3,93
12°		4,29
13°		4,64
14°		5,00
15°		5,36
16°		5,71
17°		6,07
18°		6,43
19°		6,79
20°		7,14

- Gesamthärte von 8 bis 16 °dGH (Unser Leitungswasser hat in der Regel 8 bis 17 °dGH);
- die Karbonathärte sollte zwischen 3 und 10 °dKH liegen. Nur wenige Pflanzen brauchen weicheres Wasser, zum Beispiel *Aponogeton rigidifolius*. Für sie – und zur Zucht vieler Tropenfische – muß das Wasser enthärtet werden.

Wasserhärte messen: Meßreagenzien und Meßgeräte zur Härtebestimmung (dGH und dKH) erhalten Sie im Zoofachhandel.

Enthärten und Aufhärten: Enthärten können Sie das Wasser durch Ionenaustausch (→ Lexikon, Seite 57) oder Umkehrosmose (→ Lexikon, Seite 61). Nach Ionenaustausch oder Umkehrosmose enthält das Wasser praktisch keine Salze mehr. Zur Haltung von Pflanzen und Tieren ist es nicht mehr geeignet. Es muß wieder ein wenig aufgesalzen werden. Man gibt soviel unbehandeltes Leitungswasser hinzu, bis die Härte auf die Bedürfnisse der Tiere und Pflanzen abgestimmt ist, die man pflegen möchte (z.B. etwa 2 °dKH und 8 °dGH für *Aponogeton rigidifolius*).

Hohe Karbonathärte allein läßt sich auch durch CO_2-Düngung oder Torffilterung senken.

Der pH-Wert

Der pH-Wert gibt den Säuregrad des Wassers an. In jedem natürlichen Wasser ist eine gewisse Menge von sauer und alkalisch (basisch) reagierenden Substanzen gelöst. Enthält Wasser mehr Säuren als Basen, ist es sauer, enthält es mehr Basen als Säuren, ist es alkalisch. Befinden sich Säuren und Basen im Gleichgewicht, ist das Wasser chemisch neutral.

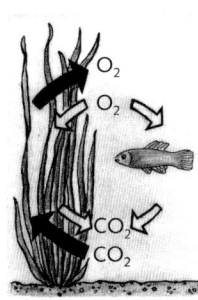

Sauerstoff- und Kohlendioxidaustausch zwischen Fisch und Pflanze. Bei Tag: Fisch und Pflanze atmen Sauerstoff (O_2) ein und Kohlendioxid (CO_2) aus. Die Pflanze nimmt bei der Photosynthese CO_2 auf und produziert O_2.

pH-Wert messen und verändern: Vielerorts hat das Leitungswasser pH-Werte von 6,5 bis 7,2. Bei diesen Werten lassen sich die meisten Aquarienpflanzen problemlos halten. Messen Sie den pH-Wert regelmäßig (etwa alle 14 Tage) mit einem Tropfindikator oder einem pH-Meßgerät (Zoofachhandel).

Die pH-Skala
Die pH-Skala reicht von 1 bis 14.
pH-Wert 7 = neutrales Wasser
pH-Wert unter 7 = saures Wasser
pH-Wert über 7 = alkalisches Wasser
- Wasser ist umso saurer beziehungsweise alkalischer, je weiter der pH-Wert von 7 abweicht.
Hinweis: Die meisten Tropengewässer sind leicht sauer, tropische Pflanzen und Fische vertragen daher gut Werte von etwa pH 5,8 bis 7,0.

- Bei stärkeren Schwankungen des pH-Wertes (→ biogene Entkalkung, Seite 55) CO_2-Düngung oder Teilwasserwechsel vornehmen.
- In einem Aquarium mit Fischen aus dunklen Gewässern und Pflanzen, die nicht sehr lichtbedürftig sind, kann man zum Ansäuern des Wassers Torfpräparate verwenden.

Die Karbonathärte, der pH-Wert und die Pflanzen

Die Karbonathärte ist im Aquarium durch die Assimilationstätigkeit der Pflanzen oft starken Schwankungen unterworfen. Dadurch wird die Höhe des pH-Wertes beeinflußt.
Wenn Pflanzen unter CO_2-Mangel leiden und hungern, sind viele von ihnen dazu imstande, CO_2 aus den Härtebildnern des Wassers herauszulösen (Biogene Entkalkung, → Lexikon, Seite 55). Sie spalten die Hydrogenkarbonate und Karbonate (also

die Calcium- und Magnesium-Salze der Kohlensäure) einfach auf. Dabei steigt aber der pH-Wert des Wassers um 1 bis 2 Stufen an, das heißt, das Wasser wird 10mal bis 100mal so alkalisch, als es vorher war. Die Fische werden dadurch schwer geschädigt und können zugrundegehen. Gefährlich wird dieser Vorgang hauptsächlich in Aquarien, die ausschließlich mit Wasserpest und Vallisnerien bepflanzt sind, da diese Pflanzen das Wasser am schnellsten entkalken.

Pflegetip: Die großen Schwankungen von Wasserhärte und pH-Wert innerhalb eines Tages bekommen den Pflanzen nicht, ganz abgesehen von der Gefahr für die Fische. Eine ausgewogene Mischbepflanzung und regelmäßige Eisendüngung verhindern folgenschwere Störungen. Zusätzlich sollten Sie mit CO_2 düngen, damit die Pflanzen die Härtebildner nicht anzugreifen brauchen.

Hinweis: Die Höhe der Karbonathärte ist für den Pflanzenwuchs weit wichtiger als die Höhe der Nichtkarbonathärte, daher ist in den Pflanzen-Steckbriefen (→ Seite 62 bis 89) nur die Karbonathärte (dKH) angegeben.

Die Stickstoffverbindungen

Einer der wichtigsten Pflanzennährstoffe ist der Stickstoff. Die Wasserpflanzen nehmen ihn nicht als elementaren gasförmigen Stickstoff auf, auch nicht wie die Landpflanzen als Nitrat, sondern als Ammonium. Ammonium gibt es nur in saurem Wasser, es bildet sich, wenn die Filterbakterien die vielen verschiedenen Eiweißverbindungen, die durch die Ausscheidungen der Fische, Futterreste und anderes organisches Material ins Wasser geraten, umwandeln und abbauen. Im normalerweise

leicht sauren Milieu unserer Aquarien schadet Ammonium den Fischen kaum, in alkalischem Wasser jedoch verwandelt es sich in giftiges Ammoniak. Ammonium beziehungsweise Ammoniak wird dann durch die Filterbakterien über das hochgiftige Nitrit zum relativ ungefährlichen Nitrat abgebaut. Bei diesem Vorgang wird Sauerstoff verbraucht. Wenn es den Pflanzen schlecht geht, zum Beispiel in einem übersetzten Becken mit vernachlässigtem Filter, können sie nicht assimilieren und keinen Sauerstoff bilden. Der Abbau der Stickstoffverbindungen dauert dann zu lange oder funktioniert überhaupt nicht. Die Folge: Die Fische können an Ammoniak- oder Nitritvergiftung sterben.

Stickstoffverbindungen messen: Die Konzentration der verschiedenen Stickstoffverbindungen wird mit den handelsüblichen Testreagenzien gemessen.

Pflegetip: Viele Pflanzen, aber nicht zu viele Fische ins Becken setzen. Außerdem:
• Sorgfältige Filterpflege und regelmäßiger Teilwasserwechsel.
• Regelmäßiges Nachdüngen, da in sauerstoffreichem Wasser den Pflanzen das Ammonium durch den Abbau zum Nitrat rasch entzogen wird. Die handelsüblichen Wasserpflanzendünger enthalten genug Ammonium, um die Pflanzen optimal zu ernähren und einen eventuellen Ammoniummangel rasch zu beheben.

Hinweis: Schwieriger wird es bei einem Überschuß an Stickstoffabbauprodukten (→ Cryptocorynenfäule, Seite 49). Hier hilft in der Regel nur eine grundlegende Verbesserung des Aquarienmilieus.

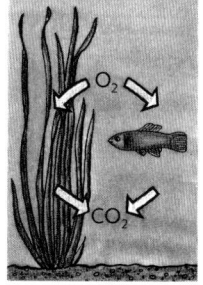

Bei Nacht: Fisch und Pflanze verbrauchen Sauerstoff (O_2) und produzieren Kohlendioxid (CO_2) - die Photosynthese ist im Dunkeln nicht möglich.

Phosphor

Ein problematischer Pflanzennährstoff ist im Aquarium der Phosphor. Er wird von den Pflanzen nicht als reines Element, sondern als Phosphat aufgenommen.

Phosphatmangel würde die Photosynthese und damit die Sauerstoffbildung behindern. Im Aquarium kommt dies jedoch nicht vor, denn die Pflanzen können auch geringe Spuren aufnehmen und verwerten. Phosphatüberschuß aber, der leicht durch die Futterreste entsteht, führt zu Pflanzenschäden und – vor allem wenn Nitratüberschuß hinzukommt – zu starkem Algenwuchs.

Pflegetip: Durch regelmäßigen Teilwasserwechsel wenigstens einen Teil dieser Abfallstoffe entfernen.

Kalium, Natrium

Kalium und Natrium sind in unserem Leitungswasser kaum vorhanden. Für die Bedürfnisse der Tropenpflanzen reicht der Natriumgehalt meist aus, an Kalium dagegen herrscht in vielen Aquarien Mangel.

Kaliummangel behindert die Photosynthese und schädigt deswegen das ganze Aquarienmilieu.

Pflegetip: Düngen. Gute Wasserpflanzendünger enthalten Kalium in ausreichenden Mengen.

Die Spurenelemente

Das wichtigste Spurenelement für die Aquarienpflanzen ist Eisen. Es ist ein Bestandteil der Enzyme, die beim Aufbau des Chlorophylls helfen. Eisenmangel führt zur Chlorose (→ Seite 50). Viele Wasserpflanzen wachsen in der Natur an Stellen, an denen stark eisenhaltiges Grundwasser aus den Uferwänden oder aus dem Gewässerboden austritt. Dieses Wasser ist auch reich an anderen

Spurenelementen (wie Mangan, Kupfer, Zink, Zinn, Bor, Molybdän). Je dichter die Pflanzen an der Nährstoffquelle stehen, umso dichter und größer wachsen sie. Diese Sickerwässer enthalten das Eisen und die anderen Spurenelemente in einer Form, die von den Pflanzen leicht aufgenommen werden kann. Wenn die Spurenelemente aber in das sauerstoffreiche Fließgewässer kommen, verbinden sie sich mit dem Sauerstoff und fallen aus, das heißt, sie werden unlöslich und sind für die Pflanzen nicht mehr verwertbar.

Pflegetip: Düngen. Damit im Aquarium das Eisen und die anderen Spurenelemente nicht vom Sauerstoff ausgefällt werden, sind sie in den Wasserpflanzendüngern an sogenannte Chelatoren gebunden, das sind synthetische organische Säuren, die alle Spurenelemente über längere Zeit in der Form erhalten, in der sie für die Pflanzen verwertbar sind.

• Der eisenhaltige Langzeitdünger für den Bodengrund entspricht dem Boden der Tropengewässer an den Sickerquellen.

• Eisen und die anderen Spurenelemente sind in den meisten Wasserpflanzendüngern bereits enthalten.

• Sie können auch täglich mit einigen Tropfen eines Spurenelement-Komplexes düngen (nach Gebrauchsanweisung).

Hinweis: Die Präparate zur Eisendüngung und die Meßreagenzien erhalten Sie im Zoofachhandel.

Blüte des Großen Wasserfreunds (Hygrophilia corymbosa). Diese Stengelpflanze wird etwa 60 cm hoch und eignet sich deshalb besonders für die Bepflanzung hoher Becken.

Pflanzenaquarium mit Neonfischen. Vorne links: Carolina Haarnixe (Cabomba caroliniana); vorne rechts: Horemann's Schwertpflanze (Echinodorus horemanni), dahinter: Sumatra-Farn (Ceratopteris thalictroides). ▷

Aquarientechnik

Aquarien-technik wie Beleuchtung, Heizung und Filter schaffen optimale Lebensbedingungen für Fische und Pflanzen. Vor allem das Licht spielt für die Pflanzen die wichtigste Rolle. Sie brauchen es als Energiespender, um ihren Stoffwechsel aufrecht zu erhalten.

Bei der Auswahl der technischen Geräte stehen meist die Bedürfnisse der Fische und nicht die der Pflanzen im Vordergrund, denn Tiere reagieren auf zu kaltes oder verschmutztes Wasser weit empfindlicher als Pflanzen. Einige spezielle Ansprüche – vor allem an die Beleuchtung – stellen Pflanzen aber doch.

Die Beleuchtung

Licht ist die wichtigste Voraussetzung für ein gutes Wachstum der Pflanzen. Sie brauchen es als Energiespender, um ihren Stoffwechsel aufrechtzuerhalten. Da die meisten Aquarienpflanzen Tropenpflanzen sind, gedeihen sie bei uns im natürlichen Tageslicht nicht. Im Sommer ist es zu hell und zu warm, es bilden sich zuviele Algen. Im Winter ist das Licht zu schwach, die Pflanzen kümmern. Eine künstliche Beleuchtung ist also unbedingt nötig.

<u>Beleuchtungsdauer:</u> In den äquatornahen oder subtropischen Gebieten, aus denen unsere Aquarienpflanzen stammen, ist der Tag das ganze Jahr über zwischen 12 und 14 Stunden lang. Diese Tageslänge brauchen die Pflanzen auch im Aquarium, deshalb schließt man die Aquarienlampen an eine Schaltuhr an.

<u>Die Lichtstärke:</u> Die Pflanzen haben sich in Jahrmillionen an die Lichtverhältnisse ihrer Heimat angepaßt. Viele Tropenpflanzen, besonders die rotblättrigen Arten, sind sehr lichthungrig, andere, zum Beispiel viele Cryptocorynen, gedeihen auch im Schatten.

• Bei Leuchtstoffröhren mit Tageslichtspektrum gilt als Faustregel etwa 1 Watt (W) auf 2 Liter (l) Wasser.
• Energiesparlampen haben eine höhere Lichtausbeute. Schraubenförmig gedrillte Leuchtstoffröhren sind erheblich heller als die geraden Modelle, und Lumilux-Röhren erreichen etwa 30% höhere Leuchtkraft. Bei diesen Lampen genügen 0,3 W auf 1 l Wasser (ebenso bei HQL-Lampen, die allerdings keine Energie sparen).

<u>Wichtig:</u> Die Lichtmenge nimmt immer weiter ab, je tiefer das Licht ins Wasser eindringt. Wenn in einem Becken mit über 40 cm Wasserstand die großen Hintergrundpflanzen gedeihen, kleine Vordergrundpflanzen aber verkümmern, wählen Sie lichtstärkere Röhrentypen oder installieren Sie eine weitere Leuchtstoffröhre. Das gleiche gilt für mit Torfpräparaten angesäuertes Wasser, das durch die braune Farbe sehr viel Licht absorbiert.

<u>Die Lichtfarbe:</u> Fische und Pflanzen sehen am natürlichsten aus, wenn sie von einem Licht beleuchtet werden, das dem normalen Tageslicht ähnelt. Lassen Sie sich beim Lampenkauf vom Zoofachhändler beraten. Die Photosynthese verläuft am intensivsten im langwelligen roten und im kurzwelligen blauen Spektralbereich. Wer zur Förderung des Pflanzenwachstums die violetten Grolux- oder Fluora-Röhren verwendet, muß sie mit Tageslichtröhren kombinieren, sonst erscheint das Aquarium in unnatürlichen Farben.

Leuchtstoffröhren und Lampen

Leuchtstoffröhren werden in der Aquaristik am häufigsten verwendet. Sie sind die wirtschaftlichsten Lampentypen und leuchten das Becken gleichmäßig aus. Meist sind sie direkt in der Beckenabdeckung angebracht oder werden in Lampenkästen oder als Hängelampen installiert.

Auswechseln der Röhren: Leuchtstoffröhren vermindern langsam, aber stetig ihre Leistung. Bei einem Normalbetrieb von 12 bis 14 Stunden am Tag haben sie nach 6 Monaten nur noch 50% ihrer Leuchtkraft. Zu empfehlen ist es, die Röhren halbjährlich auszuwechseln (sehr wichtig bei violetten Grolux- und Fluora-Röhren).

Mein Tip: Ein hoher Nitratgehalt erhöht das Lichtbedürfnis der Pflanzen. In sauberem Wasser gedeihen sie auch bei weniger Licht, in stark nitratbelastetem stagniert der Pflanzenwuchs trotz optimalem Licht.

HQL-Lampen: Die Quecksilberdampf-Hochdrucklampen kann man über Aquarien bis zu etwa 60 cm Wassertiefe einsetzen. Sie eignen sich auch als Punktstrahler zur gezielten Beleuchtung sehr lichthungriger Pflanzen.

HQI-Lampen: Die Halogen-Metalldampflampen haben eine höhere Lichtausbeute als HQL-Lampen und verbrauchen weniger Energie. In der Süßwasseraquaristik haben sie sich nicht so gut bewährt.

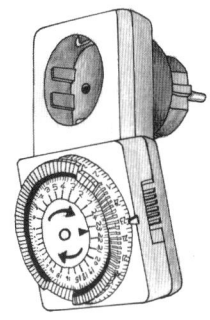

Eine Zeitschaltuhr, an welche die Aquarienlampen angeschlossen sind, regelt zuverlässig die Beleuchtungsdauer.

Sicherheit rund ums Aquarium

Wasserschäden und Versicherung: Der Alptraum vieler Aquarianer, daß ein Aquarium platzt, wird zwar relativ selten Wirklichkeit – dennoch sollte man auf einen solchen Fall vorbereitet sein. Die Wasserschäden, die übrigens auch durch Überlaufen oder Leckwerden des Aquariums entstehen können, haben meist sehr hohe Reparaturkosten zur Folge.

Lassen Sie deshalb schon vor der Anschaffung Ihr Aquarium in Ihre Hausratversicherung aufnehmen und erkundigen Sie sich bei Ihrem Versicherungsagenten, welche Kosten im Schadensfall übernommen werden.

Schutz vor Stromunfällen: Um Fischen und Pflanzen geeignete Lebensbedingungen im Aquarium zu schaffen, sind verschiedene elektrische Geräte wie Filter, Heizer und Lampen nötig. Daß Strom in Verbindung mit Wasser gefährlich werden kann, ist hinlänglich bekannt. Beachten Sie deshalb unbedingt folgende Sicherheitsratschläge:

• Achten Sie beim Kauf von elektrischen Geräten darauf, daß diese das VDE-Zeichen (Verein Deutscher Elektroingenieure) oder das gültige TÜV-Zeichen (»GS« = geprüfte Sicherheit) tragen!

• Geräte, die im Aquarium benutzt werden, müssen den Vermerk tragen, daß sie für diese Verwendung geeignet sind.

• Besorgen Sie sich einen sogenannten FI-Schalter (Fehlerstrom-Schutzschalter), im Zoo- und Elektrofachhandel erhältlich, der sich zwischen Stromquelle und Gerät anbringen läßt. Bei Defekten an Geräten oder Kabeln unterbricht er sofort die Stromzufuhr.

• Ziehen Sie den Stecker, bevor Sie im Aquarium Arbeiten verrichten oder elektrische Geräte aus dem Aquarium entnehmen.

• Lassen Sie eventuelle Reparaturen nur vom Fachmann ausführen.

Die Neonfische leuchten richtig vor den satten Farben dieses Pflanzenhintergrundes. Im Vordergrund rechts: kleine Cryptocorynen-Art; links: eine Rötliche Amazonas-Schwertpflanze *(Echinodorus osiris)* als Solitärpflanze; im Mittelgrund: verschiedene Schwertpflanzenarten; im Hintergrund rechts: Rotweiderich *(Rotala macrandra)*; im Hintergrund links: Zierliche Kognakpflanze *(Ammannia gracilis)*.

Aquarien, in denen traumhaft schöne Pflanzen gedeihen sollen, dürfen nur mit kleinen, nicht zu lebhaften Fischarten besetzt werden. Verzichten Sie auch auf Fische, die Pflanzen fressen oder die gern im Bodengrund wühlen. Sehr gut geeignet sind kleine und mittelgroße Salmler, Barben und Bärblinge und alle Arten der Lebendgebärenden Zahnkarpfen.

Nicht nur durch CO_2-Düngung und die Wahl der richtigen Beleuchtung lassen sich die Pflanzen zu üppigem Wachstum anregen. Auch durch eine geschickte Auswahl von Heizung und Filter kann man Pflanzenwachstum ganz gezielt fördern.

Die Aquarienheizung
Die meisten Aquarienpflanzen gedeihen im Temperaturbereich von 21 bis 30 °C, wobei sie bei etwa 23 bis 27 °C am besten wachsen. Pflanzen aus subtropischen Gebieten vertragen auch kühleres Wasser. Am anpassungsfähigsten sind Kos-

1| Regelheizer. Einstellschraube muß über dem Wasser liegen.

mopoliten wie das Teichlebermoos *(Riccia fluitans),* das bei Temperaturen von 12 bis über 30 °C gedeiht. Da weder Pflanzen noch Fische größere, plötzlich auftretende Temperaturschwankungen vertragen, muß die Aquarienheizung durch einen Thermostaten überwacht und geregelt werden. Der Thermostat hält die eingestellte Temperatur auf plus/minus 1 °C konstant.

Regelheizer
Zeichnung 1
Regelheizer sind Stabheizer mit eingebauten Thermostaten. Diese preiswerte Aquarienheizung wird mit Hilfe von Saughaltern im Aquarium so angebracht, daß sich die Kappe mit der Einstellschraube über dem Wasserspiegel befindet.

Thermofilter
Dieses praktische und einfach zu handhabende Gerät ist ein Filter mit einem eingebauten Heizaggregat, das durch einen Thermostaten geregelt wird. Das Wasser wird während des Filtervorgangs erwärmt.

Bodenheizung
Zeichnung 2
Bodenheizungen erwärmen den Kiesboden um 1 bis 2 °C über die Wassertemperatur und beziehen ihn dadurch in den allgemeinen Wasserkreislauf ein.
Wirkungsweise: Die Zeichnung 2 zeigt am Beispiel eines im Becken installierten Heizkabels, wie das erwärmte Wasser nach oben steigt, wodurch kälteres aus dem Aquarienraum nachge-

sogen wird. So werden ständig Nährstoffe und Frischwasser an die Wurzeln herangeführt. Der Boden fault nicht und Bakterien, die im Bodengrund leben, bauen zusätzlich zu den Filterbakterien Schadstoffe ab. Man verhütet damit auch, daß die Pflanzen »kalte Füße« bekommen, falls das Becken in einem wenig oder nicht geheizten Zimmer aufgestellt ist.

Heizkabel verlegen
Das Kabel wird in Windungen auf dem Beckenboden verlegt und auf Plastikschienen oder -füßen befestigt, damit es nicht auf dem Glas aufliegt. Gut geeignet sind die Kabel auch für Behälter, in denen Pflanzen zur Vermehrung emers gehalten werden.

Die Heizmatte
Die Matte wird außen unter dem Aquarienboden angebracht und gegen die Unterlage mit geeignetem Material (zum Beispiel Styropor) isoliert.
Achtung: Bei der Verwendung einer Heizmatte darf der Bodengrund weder zu feinkörnig noch verschlammt sein! Undurchlässiger Boden wird nicht schnell genug durchströmt, es kommt vor allem unter Steinen oder anderen großflächigen Dekorationen zum Hitzestau. Die Folge: Der Beckenboden kann reißen! Auch bei einer zu starken oder nicht vorschriftsmäßig installierten Matte können Spannungen im Glas auftreten!
Pflegetips: Da der Boden durch die ständige Durchströmung

ähnlich wie ein Filter wirkt, verschmutzt und verstopft er wie jeder andere Filter nach einiger Zeit. Die Pflanzenwurzeln können dann geschädigt werden und die Filterbakterien zugrunde gehen. Deshalb: Den Boden einmal jährlich säubern.

Mein Tip: Es empfiehlt sich, nicht das ganze Becken mit einer Heizmatte zu heizen, sondern eine Niedervolt-Bodenheizung über einen Zweikreisthermostaten zu regeln, der an kühlen Tagen einen Regelheizer zuschaltet. Das bekommt den Pflanzen besser und das Becken braucht nicht so oft neu eingerichtet zu werden.

Stärke der Heizung

In ungeheizten Räumen und in Zimmern, in denen im Winter zeitweise nicht oder wenig geheizt wird, sollte die Aquarienheizung eine Leistung von

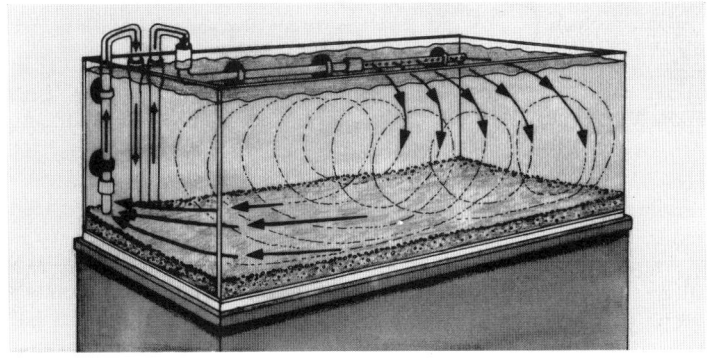

3| *Ein Becken, in dem Pflanzen gut gedeihen sollen, braucht eine gut schließende Deckscheibe, eine schwache Wasserströmung und ein wenig Wasserbewegung.*

1 Watt pro Liter Wasser erbringen. Wenn das Becken in einem normal geheizten Zimmer steht, genügen etwa 0,5 Watt pro Liter.

Filter und Belüftung

Aquarienfilter entfernen Schwebestoffe wie Futterreste, lose Pflanzenteile und Mulm aus dem Wasser. Die Filterbakterien verarbeiten diese Abfälle ebenso wie die im Wasser gelösten Ausscheidungen der Fische zu Substanzen, die das Aquarienmilieu nicht schädigen. Dabei verbrauchen sie O_2 und geben CO_2 ab.

<u>Wichtig:</u> Da Fische in verschmutztem Wasser weit eher Schaden nehmen als Pflanzen, stehen bei der Auswahl des Filters die Bedürfnisse der Fische im Vordergrund.

<u>Filter- und Belüftungstips</u>
Zeichnung 3
Ob Sie sich für einen Innen- oder Außenfilter entscheiden oder welches Filtersubstrat Sie

wählen, ist für die Pflanzen nicht so wichtig. Entscheidend ist jedoch, daß der Pflanzennährstoff CO_2 nicht aus dem Wasser ausgetrieben wird, bevor er den Pflanzen zugute kommt. Ein Becken, in dem Pflanzen kräftig wachsen sollen, braucht daher eine gut schließende Deckscheibe und nur eine schwache Strömung und Wasserbewegung.

<u>Ungeeignet</u> für Pflanzenaquarien sind alle technischen Geräte, die das Wasser mit O_2 anreichern und/oder CO_2 zum Entweichen bringen, zum Beispiel:

• Filter, deren Auslauf an der Wasseroberfläche starke Turbulenzen erzeugt.

• Düsenrohre als Auslauf von Außenfiltern, durch die das Wasser ins Becken gespritzt wird.

• Ausströmersteine, die Luftsprudel erzeugen.

• Rieselfilter, da hier das gefilterte Wasser nahezu CO_2-frei ist.

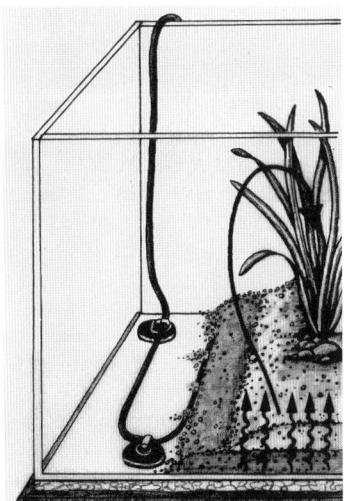

2| *Heizkabel der Bodenheizung in Windungen verlegen.*

Pflanzen richtig auswählen und einpflanzen

Da die Pflanzen einerseits dekorativ wirken sollen, andererseits aber einen lebenswichtigen Bestandteil der Unterwasserwelt Aquarium bilden, sollten Sie beim Auswählen und Einpflanzen einige Grundregeln, Tips und Kniffe kennen und beherzigen.

Grundregeln für die Pflanzenwahl

Die Lebensgemeinschaft: Damit Pflanzen und Fische sich gleichermaßen wohl fühlen, beachten Sie bitte:
• Alle Pflanzenarten sollten ungefähr die gleichen Ansprüche an Wasserzusammensetzung, Temperatur und Lichtstärke stellen.
• Die Haltungsansprüche der Pflanzen sollen zu den Ansprüchen Ihrer Fische passen.

Beckengröße: Informieren Sie sich darüber, wie groß die Pflanzen werden (→ Pflanzenbeschreibungen, Seite 64). An Pflanzen, die Sie ständig zurückschneiden müssen, um sie an die Aquariengröße »anzupassen«, werden Sie wenig Freude haben. Ihre Schönheit, ihre entgiftenden und sauerstoffspendenden Eigenschaften entfalten Pflanzen nur, wenn sie lange ungestört wachsen können und nicht dauernd neue Wurzeln bilden oder Verletzungen ausheilen müssen. Stengelpflanzen zum Beispiel, die man alle paar Wochen zurückschneidet und neu steckt, werden von Mal zu Mal schmächtiger und gehen schließlich zugrunde. Deshalb:
• Für flache Becken ungeeignet sind hohe Stengelpflanzen, wie *Cabomba* (Haarnixe), die großen *Hygrophila*-

Die Wasser-Haarnixe (Cabomba aquatica) blüht im Aquarium nur selten. Sie ist schwierig zu pflegen, denn sie stellt sehr hohe Ansprüche an die Wasserqualität und braucht extreme Helligkeit.

Arten (Wasserfreund) oder *Heteranthera zosterifolia* (Seegrasblättriges Trugkölbchen).
• In kleine Aquarien unter 1 m Länge keine sehr großwüchsigen Pflanzen, wie *Echinodorus cordifolius* (Herzblättriger Wasserwegerich) setzen.
• In größeren Aquarien dagegen sollten die Pflanzen nicht zu klein sein. Ein 2 m langes, 70 cm hohes Becken sieht nicht sehr dekorativ aus, wenn es nur mit kleinbleibenden Gewächsen wie *Echinodorus tenellus* (Grasartige Schwertpflanze), *Samolus parviflorus* (Amerikanische Bachbunge) oder mit niedrigen Cryptocorynen-Arten besetzt ist.

Gestaltung: Großblättrige Pflanzen kontrastieren gut mit feinfiedrigen, hellgrüne mit dunkelgrünen oder roten, Pflanzen in Rosettenform mit Stengelpflanzen.

Ungeeignet fürs Aquarium: Zimmerpflanzen, die sich angeblich als Aquarienpflanzen eignen, zum Beispiel »Unterwasserbromelien« oder »Unterwasserpalmen«. Diese Pflanzen vegetieren im Wasser eine Zeit lang dahin, leisten nichts für das Aquarienmilieu und gehen schließlich ein. Die absterbenden Pflanzen sind ein gefährlicher Fäulnisherd.

Hinweis: Hilfreich für die richtige Auswahl der Pflanzen sind die Beschreibungen und Fotos von 49 attraktiven Aquarienpflanzen (→ Seite 62 bis 89). Sie finden dort Angaben über Größe und Aussehen der Pflanzen sowie Empfehlungen für ihren Standort im Becken, dazu Pflegetips.

Die Haltungsansprüche von Pflanzen und Fischen sollten aufeinander abgestimmt sein.

Tips für neu eingerichtete Aquarien
Es hat sich bewährt, bei der Neueinrichtung eines Aquariums zunächst einmal anspruchslose Pflanzen einzusetzen. Anspruchsvolle Pflanzen brauchen oft längere Zeit, um sich zu akklimatisieren und anzuwachsen. Während dieser Zeit tragen sie aber nicht zur Wasserverbesserung bei, und die Algen können sich üppig entwickeln. Wenn dann die Algenplage zu schlimm wird, gehen empfindliche Pflanzen zugrunde.

Schnellwüchsige, anspruchslose Gewächse dagegen – zum Beispiel Ludwigien oder Sagittarien – wachsen so rasch an, daß die Algen kaum eine Chance haben. Wenn das Aquarium dann ein paar Monate lang »eingefahren« ist, Pflanzen und Fische gesund sind, können Sie nach und nach die anspruchslosen Pflanzen gegen anspruchsvolle wie Cryptocorynen und *Cabomba* austauschen. Wenn Sie alle 2 bis 4 Wochen eine neue Pflanzengruppe in Ihr Aquarium

Zum Foto:
Üppig bepflanztes Aquarium. Vorne rechts: Kardinalslobelie; vorne links: Zwergcryptocoryne; vorne Mitte: Carolina-Haarnixe; Mittelgrund: Wendt's Wasserkelch; Mitte links: Javafarn.

Grasartige Vordergrundpflanzen werden häufig in Gitterkörbchen verkauft. Das Körbchen muß vor dem Einpflanzen entfernt werden.

einfügen, sind immer so viele angewurzelte und wüchsige Pflanzen im Becken, daß die vom Umpflanzen geschädigten Neuankömmlinge zur Wasserverbesserung nicht gebraucht werden. In solch einem »eingefahrenen« Aquarienmilieu wachsen sie auch gleich besser an.

Hinweis: Cryptocorynen gedeihen oft gar nicht in ganz frisch eingerichteten Becken!

Vorbeugend gegen Algen sollten Sie in das neueingerichtete Becken sofort einige algenfressende Fische einsetzen (2 Wochen lang nicht füttern!), da sonst die Algen weit schneller als die Pflanzen wachsen. Am besten »arbeiten« Siamesische Rüsselbarben *(Crossocheilus siamensis)* und Blaue Antennenwelse *(Ancistrus dolichopterus).* Aber auch viele andere Saugwelse *(Otocinclus-, Panaque-, Hypostomus-, Rineloricaria-* und *Farlowella*-Arten) und alle Lebendgebärenden Zahnkarpfen sind gute Algenputzer.

Warum wissenschaftliche Namen wichtig sind

Als Aquarianer kommt man an den wissenschaftlichen Namen der Pflanzen ebensowenig vorbei wie an denen der Fische. Bei der Vielfalt der Arten vermeidet man Fehlkäufe, wenn man den wissenschaftlichen Namen präzise angeben kann.

Der erste Name gibt die Gattung an, zu der die Pflanze gehört.

Der zweite Name bezeichnet die Art innerhalb der Gattung. Dazu ein Beispiel: *Echinodorus tenellus* (Grasartige Schwertpflanze). *Echinodorus* ist also der Gattungsname, *tenellus* der Artname.

Checkliste für den Pflanzenkauf

Im Aquarien- und Zoofachhandel finden Sie eine große Auswahl an Aquarienpflanzen.

Meist sind die angebotenen Pflanzen in kleine Pflanzcontainer eingetopft. Pflanzen mit losem Wurzelwerk gibt es heute nur noch selten zu kaufen. Stecklinge kommen gebündelt und mit in Schaumstoff oder Steinwolle gepackten Stielen in den Handel. Kaufen Sie nur gesunde und – wenn möglich – junge Pflanzen:

Gesunde Pflanzen haben straffe Blätter und straffe Stengel und eine kräftige Farbe.

Pflanzen mit vielen abgeknickten oder braun gewordenen Blättern erholen sich zwar bei guter Pflege schnell, wenn ihre Herzblätter noch gesund sind, aber für neueingerichtete Becken sind sie nicht zu empfehlen.

Junge Pflanzen passen sich den neuen Bedingungen in Ihrem Aquarium leichter an als alte, für die der Schock beim Umpflanzen oft so groß ist, daß sie einen Teil ihrer Blätter verlieren.

Transport der Pflanzen

Für einen kurzen Transportweg vom Händler nach Hause reicht es aus, wenn der Zoofachhändler die Pflanzen in eine Plastiktüte packt oder unempfindliche Arten in Zeitungspapier wickelt.

Wichtig: Pflanzen sofort in temperiertes Wasser legen!

Für einen weiten Transport sollten Sie einen verschließbaren Eimer oder ein Glas mitbringen und die Pflanzen im Wasser transportieren.

Im Winter Transportbehälter in dicke Lagen von Zeitungspapier wickeln oder in einen Styroporkarton verpacken.

Pflege der Pflanzen vor dem Einsetzen

Neuerworbene Pflanzen müssen vor dem Einsetzen gesäubert werden. Legen Sie die Pflanzen (samt Container) zunächst in eine Schüssel mit temperiertem Wasser. Damit sie nicht antrocknen, mit einem Bogen Zeitungspapier bedecken. Er saugt sich voll und hält die aus dem Wasser herausragenden Pflanzenteile feucht. Jede Pflanze wird zum Säubern einzeln aus der Schüssel herausgenommen.

• Die Containerpflanzen vorsichtig aus dem Plastiktöpfchen herausnehmen. Versuchen Sie es nicht mit Gewalt. Damit die Wurzeln nicht beschädigt werden, muß man den Container manchmal mit einer stabilen Schere Stück für Stück vorsichtig von den Wurzeln herunterschneiden.

• Aus dem Wurzelwerk der Stengelpflanzen vorsichtig die Glas- oder Steinwolle herausspülen.

Blätter und Stengel: Abschneiden müssen Sie angetrocknete, zerquetschte und abgeknickte Pflanzenteile, ebenso ausgefranste oder braun gewordene Blätter.

Wurzeln: Abgeschnitten werden alle abgestorbenen Wurzeln. Tote Wurzeln sind braun und schlaff, gesunde dagegen hell und straff.

Schneckenlaich: An manchen Pflanzen aus der Zoofachhandlung und an fast allen Pflanzen aus alteingerichteten Aquarien haftet etwas Schneckenlaich.

• Nicht entfernen brauchen Sie die Laichballen, wenn Sie in Ihrem Aquarium Fische und nur robuste Pflanzen pflegen. Schnecken machen sich im Gesellschaftsaquarium nützlich, indem sie Futterreste und kleine Algen vertilgen.

• Entfernen sollten Sie den Schneckenlaich, wenn Sie ein hauptsächlich oder allein für Pflanzen eingerichtetes Becken planen, in dem Sie auch feinblättrige, empfindliche Arten pflegen wollen. Kratzen Sie den Laich dann vorsichtig von den Pflanzen ab.

Mein Tip: Auf jeden Fall entfernen sollten Sie Turmdeckelschnecken, wenn Sie unter den Bodengrund einen Langzeitdünger (→ Seite 40) eingebracht haben. Kratzen Sie dann besser den gesamten Schneckenlaich von den neugekauften Pflanzen. Turmdeckelschnecken sind später aus dem Aquarium nur recht schwer zu entfernen. Durch ihre Wühltätigkeit vermischen sie im Laufe der Zeit den Langzeitdünger mit der oberen Kiesschicht, so daß das ganze Bodenmilieu durcheinandergerät und stark eisenhaltiger Dünger das Wasser rot färben kann.

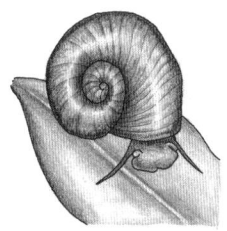

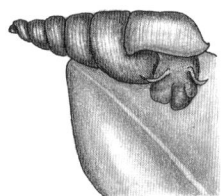

Im Gesellschaftsbecken sind Posthornschnecke (oben) und Turmdeckelschnecke (unten) nützliche Helfer. Sie vertilgen Futterreste und kleine Algen.

Der Bodengrund

Wichtig für die Wasserqualität ist ein kalkfreier Bodengrund.

Geeigneter Bodengrund: Empfehlenswert ist Quarzkies in einer Korngröße von 2 bis 3 mm.

Ungeeigneter Bodengrund: Zu feinkörniger Kies oder Sand liegt zu dicht und wird schlecht durchströmt. Es bilden sich Faulgase. In die Zwischenräume von zu grobem Kies fällt zu viel Mulm, wodurch der Boden verschlammt. Bei Verwendung einer Bodenheizung kommt es in solchen Fällen zum Hitzestau (→ Seite 22).

Farbe des Bodengrundes: Der Kies sollte braun oder bunt sein, hellgrauer reflektiert stark das Licht, das stört die Fische.

Langzeitdünger: Für einen optimalen Pflanzenwuchs bringt man unter den Kies einen der handelsüblichen eisenhaltigen Langzeitdünger ein. Verfahren Sie nach der Gebrauchsanweisung. Der Langzeitdünger ist nötig, weil die Pflanzen bei guter Beleuchtung rasch wachsen und viele Nährstoffe verbrauchen.

Mein Tip: Bodengrund von vorn nach hinten ansteigend einfüllen. Große Becken erhalten Terrassen. Auf der hintersten und höchsten werden die lichtbedürftigsten Pflanzen untergebracht.

Tips fürs Dekorieren des Aquariums

Über Dekorationsmaterialien und ihre Verwendung im Aquarium gibt die allgemeine aquaristische Literatur ausführlich Auskunft (→ Bücher, die weiterhelfen, Seite 95). Nachfolgend nur einige wichtige Hinweise:

Steine (Basalt, Granit, Lava, nordischer Schiefer und so weiter) müssen kalkfrei sein! Braune Steine kontrastieren mit den Pflanzen besonders gut.

Moorkienholz (im Zoofachhandel erhältlich), das im Aquarium nicht fault, säubert und kocht man gründlich, bevor man es ins Becken bringt. Die Wurzeln müssen sich vollsaugen, sonst schwimmen sie auf.

Verstecke und Laichplätze bilden Wurzeln und zu Höhlen zusammengestellte Steine oder ausgekochte Kokosnußschalen.

Rück- und Seitenwände sollten Sie dekorieren, denn alle Tiere fühlen sich wohler, wenn ihr Lebensraum nicht nach allen Seiten hin offen ist.

Sie können bemaltes Papier oder Styropor an den Außenwänden befestigen oder im Aquarium Wände aus Steinen, Korkrinde oder Polyurethan aufstellen. Es gibt auch Plastikrückwände zu kaufen.

Terrassen untergliedern das Aquarium optisch. Aufrechtstehende Glasstreifen mit Silikonkautschuk festkleben, von vorne mit Steinen, Moorkienholz oder Korkrinde (ankleben!), passend zur Rückwand, verblenden. Terrassenbausteine oder Torfziegel zum Mauerbau im Zoofachhandel erhältlich.

In die verschiedenen Abteile, die durch den Terrassenbau entstehen, kann man dann verschiedenartige Bodengrundmischungen für Pflanzen mit unterschiedlichen Ansprüchen einfüllen.

Wurzeln und unterirdische Sproßteile

Manche Pflanzen speichern die bei der Photosynthese gebildete Stärke in Knollen, Zwiebeln oder Rhizomen.

Gewelltblättrige Wasserähre

Die Sproßknollen der Wasserähre speichern Nährstoffe für Notzeiten, ebenso die Zwiebel der Hakenlilie und die Wurzel der Unterwasserbanane. Die Wurzeln der Schwimmpflanzen dienen der Nahrungsaufnahme. Bei der Fischzucht nutzt man Schwimmpflanzenwurzeln als Laichsubstrat.

Muschelblume

Ulvablättrige Wasserähre

Flutende Hakenlilie

Unterwasserbanane

Aquarienpflanzen so einzupflanzen, daß sie gut anwachsen, ist in der Regel kein Problem. Bei manchen Pflanzen aber ist es wichtig, genau zu wissen, was man beim Einsetzen beachten muß. Tips und Kniffe fürs richtige Einpflanzen finden Sie auf diesen Praxis-Seiten und auf Seite 32.

Pflanztip für neu eingerichtete Becken

Bevor Sie mit dem Einpflanzen beginnen, füllen Sie das fertig eingerichtete und dekorierte Aquarium zur Hälfte oder zu zwei Dritteln mit Wasser. So verhindern Sie, daß die Pflanzen beim Einsetzen antrocknen und Schaden nehmen. Um den Bodengrund nicht aufzuwirbeln, legen Sie einen Bogen Zeitungs- oder Packpapier in das Becken, oder Sie stellen einen großen Teller hinein. Darauf wird beim Eingießen der Wasserstrahl gelenkt.
Mein Tip: Die Pflanzen erst einsetzen, wenn das Wasser mindestens auf 22 °C erwärmt ist. Kaltes Wasser schockt die Pflanzen zu sehr.

Bewurzelte Pflanzen einsetzen

Zeichnung 1 und 2
Gleichgültig, ob Sie die Pflanzen im Container oder lose gekauft haben, gehen Sie beim Einpflanzen von bewurzelten Stengelpflanzen oder von Rosettenpflanzen (ohne Rhizom oder Knollen) so vor:
• Mit einem scharfen Messer oder einer scharfen Schere entfernen Sie etwa die Hälfte bis zwei Drittel der Wurzeln. Es sollten nur so viele Wurzeln übrig bleiben, daß die Pflanze im Boden stecken bleibt und nicht aufschwimmt. Das Stutzen regt die Bildung neuer Wurzeln an.
• Mit dem Finger ein Loch in den Bodengrund bohren und die Pflanze möglichst tief hineinstecken.
• Das Pflanzloch von der Seite her mit Bodengrund füllen und dabei die Pflanze vorsichtig nach oben ziehen, bis der Wurzelhals gerade eben über dem Boden erscheint.
Mein Tip: Bei Sagittarien und Vallisnerien sollte man nach dem Einpflanzen die obersten 2 mm der Wurzeln noch sehen können. *Ceratopteris thalictroides* (Sumatrafarn) wächst viel schneller an, wenn noch 1 bis 2 cm des Wurzelwerks aus dem Boden herausschauen.

Zwiebeln, Knollen und Rhizome einpflanzen

Zeichnung 3
Bei Aquarienpflanzen mit Rhizomen, Zwiebeln oder kräftigen Knollen können Sie die Wurzeln fast völlig abschneiden. Bis zur Bildung neuer Wurzeln lebt die Pflanze von den im Speicherorgan eingelagerten Reservestoffen.

<u>Vorsicht:</u> Speicherorgane dabei nicht verletzen!

<u>Zwiebeln und Knollen einsetzen</u>
Zeichnung 3 links
Zwiebeln oder Knollen müssen so eingesetzt werden, daß die Austriebstelle der Blätter noch gut zu sehen ist. Nur die Hälfte der Zwiebel darf im Bodengrund stecken.

<u>Rhizome einsetzen</u>
Zeichnung 3, Mitte
Da nur an den Knoten der Rhizome neue Wurzeln gebildet werden, muß die Pflanze möglichst tief eingesetzt werden, Die Austriebstelle der

1| *Bewurzelte Pflanzen tief ins Pflanzloch stecken.*

2| *Pflanzloch auffüllen, Pflanze vorsichtig nach oben ziehen.*

Blätter darf jedoch nicht im Kies eingegraben sein. Man pflanzt deshalb die Rhizome schräg ein, so daß der größte Teil im Boden liegt und das Herz darüber hinausragt.

Vor allem bei den Rhizomen der Cryptocorynen müssen Sie darauf achten, daß sie richtig eingesetzt sind, diese Pflanzen gedeihen sonst nur schlecht.

Bananenwurzeln einsetzen
Zeichnung 3 rechts
Die Unterwasserbanane (*Nymphoides aquatica*) ist im Aquarium schwer zu pflegen, und schon beim Einpflanzen muß man sehr sorgfältig mit ihr umgehen.

Die bananenförmigen Wurzeln dürfen höchstens zu einem Viertel in den Boden gesetzt werden.

Man kann sie auch nur darauflegen und mit Pflanzenklammern vorsichtig festklemmen.

Wichtig: Die Wurzeln sind so empfindlich, daß sie leicht verletzt werden, Faulstellen bekommen und schließlich

3| Pflanzen mit Speicherorganen einsetzen:
1 Zwiebel, muß etwa zur Hälfte aus der Erde herausragen.
2 Rhizom, schräg einpflanzen.
3 Wurzeln der Unterwasserbanane, nur zu einem Viertel vorsichtig in den Bodengrund setzen.

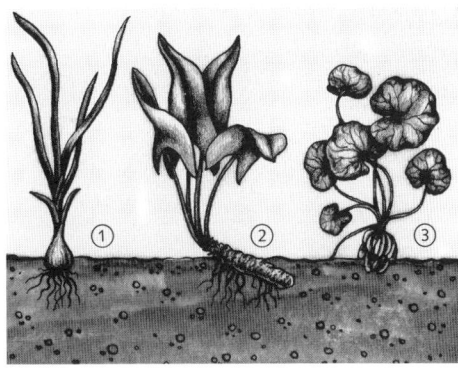

zugrunde gehen, wenn man sie zwischen spitze Kieselsteinchen pflanzt.

Stengelpflanzen einsetzen
Zeichnung 4
Stengelpflanzen sind meist unbewurzelt. Man pflanzt sie gruppenweise, steckt aber jeden Stengel in ein eigenes Loch. So wird verhindert, daß ein faulender Stengel die anderen ansteckt.

So wird eingepflanzt:
• Da eingegrabene Blätter faulen, von 2, besser noch von 4 Stengelknoten die Blätter entfernen.
• Den Stengel 2 bzw. 4 Knoten tief einsetzen. So tief eingesetzt können die Pflanzen genügend Wurzeln bilden, denn an den Stengelknoten entstehen die neuen Wurzeln.

Stengelpflanzen mit Klammern befestigen
Zwar faulen frisch eingesetzte Stengelpflanzen fast nie, für sehr kostbare Stecklinge jedoch, bei denen Sie kein Risiko eingehen möchten, sollten Sie Pflanzenklammern verwenden:
Die Pflanzen einzeln auf den Bodengrund legen und jede mit einer Pflanzenklammer aus Glas oder Kunststoff (im Zoofachhandel erhältlich) befestigen.

Die neuen Wurzeln suchen sich selbst ihren Weg in den Boden. Diese Methode ist allerdings nur dann erfolgversprechend, wenn Sie weder lebhafte noch wühlende Fische im Aquarium halten.

4| Stengelpflanzen immer einzeln in ein eigenes Loch stecken.

Einen solchen Unterwassergarten darf man nicht verwildern lassen.

Spezielle Tips und Kniffe fürs Einpflanzen

Manche Pflanzen gedeihen besser, wenn Sie beim Einpflanzen die Gestalt des Wurzelwerks oder die besondere Empfindlichkeit bestimmter Pflanzenarten berücksichtigen. Dazu nachfolgend einige Tips und Kniffe:

Flachwurzelnde Pflanzen – wie die *Echinodorus*- und *Aponogeton*-Arten – setzen Sie am besten in breite, flache Mulden, in denen Sie die Wurzeln etwas ausbreiten können.

Tiefwurzler – wie Cryptocorynen, Sagittarien und Vallisnerien – pflanzen Sie in schmale, tiefe Löcher. Vorsicht, dabei nicht den Langzeitdünger herauswühlen.

Kleine Vordergrundpflanzen – wie *Lilaeopsis novae-zelandiae* (Neuseelandgraspflanze) –, die in den Plastiktöpfchen dicht verfilzt wachsen,

lassen sich oft nicht vereinzeln. Lockern Sie die Päckchen nur auf, stutzen Sie die Wurzeln, wo es möglich ist und pflanzen Sie das Ganze wie eine Einzelpflanze.

Aponogeton-Knollen, die Sie während ihrer Ruhezeit gekauft haben, besitzen keine Blätter. Deshalb ist es sehr wichtig, sie in der richtigen Lage in den Boden zu bringen. Die »Augen«, aus denen die Blätter austreiben, müssen beim Einpflanzen an der Oberseite liegen, sonst wächst die Pflanze nicht an!

Anubias-Arten haben so empfindliche Wurzeln, daß man sie am besten gar nicht stutzt. Legen Sie die Pflanzen nur auf den Kies und klemmen Sie das Rhizom mit einem Stein oder mit Pflanzenklammern fest. Die jungen Wurzeln finden dann selbst den Weg in den Boden. Sie können die Pflan-

Die Pflanzen müssen ständig gepflegt werden.

zen auch mit Plastikschnur auf Holz oder poröse Steine aufbinden; sie wurzeln dort an. *Anubias barteri var. nana* ist übrigens nicht so empfindlich.

Farn-Arten wie Java-Farn *(Microsorium pteropus)* und Kongo-Wasserfarn *(Bolbitis heudelotii)* wachsen auf Moorkienholz und Lavasteinen besser als im Boden. Man befestigt sie mit einem Nylonfaden auf dem Wurzelholz oder dem Stein. Wenn sie sich nach einiger Zeit mit ihren Wurzeln selber halten können, kann man die Fäden vorsichtig entfernen. Falls man sie einpflanzt, darf ihr Rhizom nicht eingegraben werden (→ Zeichnung Seite 31).

Teich- und Seerosen *(Nuphar* und *Nymphaea)* nur auf den Kies legen und mit einem Stein oder einer Pflanzenklammer festklemmen.

Crinum-Arten (Hakenlilien) sind empfindlich gegen Druck und spitze Steinchen. Deshalb vor dem Einpflanzen die Zwiebel in Torffasern wickeln. Den Wurzelgrund der Zwiebel nicht mit Fasern bedecken, damit die frisch austreibenden Wurzeln nicht behindert werden.

Schwimmpflanzenwurzeln werden nicht beschnitten. Legen Sie die Pflanzen nebeneinander auf die Wasseroberfläche. Falls sie sich beim Transport ineinander verwickelt haben, oder falls die Wurzeln auf der Oberseite kleben, braucht man sie nur ein paarmal unterzutauchen. Sie entwirren sich von selbst und schwimmen in der richtigen Lage an die Oberfläche zurück.

PRAXIS
Bepflanzungspläne

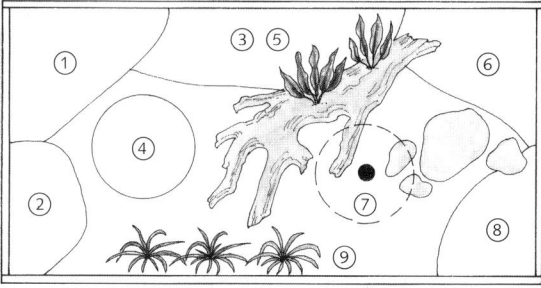

1| Bepflanzungsplan für ein kleines Aquarium.

Einrichtungsbeispiel 60-Liter-Becken

Zeichnung 1

1 Wurzel, ein paar Steine, keine Terrasse, keine Schwimmpflanzen (die Bodenpflanzen legen sich an der Wasseroberfläche um).

Die Pflanzen:
1 *Hygrophila difformis* (1 Bund),
2 *Myriophyllum aquaticum* (1 Bund),
3 *Vallisneria spiralis* (1 Bund),
4 *Alternanthera reineckii* rot (1 Topf),
5 *Microsorium pteropus* (1 Bund),
6 *Ludwigia mullertii* (1 Bund),
7 *Echinodorus cordifolius* (1 Stück »mini« als Solitär),
8 *Cryptocoryne affinis* (1 Bund),
9 *Echinodorus tenellus* (3-5 Töpfe)

Einrichtungsbeispiel 130-Liter-Becken

Zeichnung 2

1 Terrasse, 1 Wurzel oder mehrere Steine, Terrassenmäuerchen aus Korkrinde oder flachen Steinen.

Die Pflanzen:
1 *Cabomba aquatica* (2 Bund),
2 *Cryptocoryne affinis* (3 Töpfe),
3 *Cryptocoryne wendtii* (3 Töpfe),
4 *Hygrophilia corymbosa* (1 Topf),
5 *Anubias barteri 'nana'* (3 Stück),
6 *Crinum natans* (1 Stück),
7 *Vallisneria asiatica var. biwaensis* (2 Bund),
8 *Hygrophila polysperma* (1 Bund),
9 *Microsorium pteropus*
10 *Micranthemum micranthemoides* (3 Bund),
11 *Heteranthera zosterifolia* (2 Bund),
12, 13 *Nymphaea lotus* (je 1 Stück),

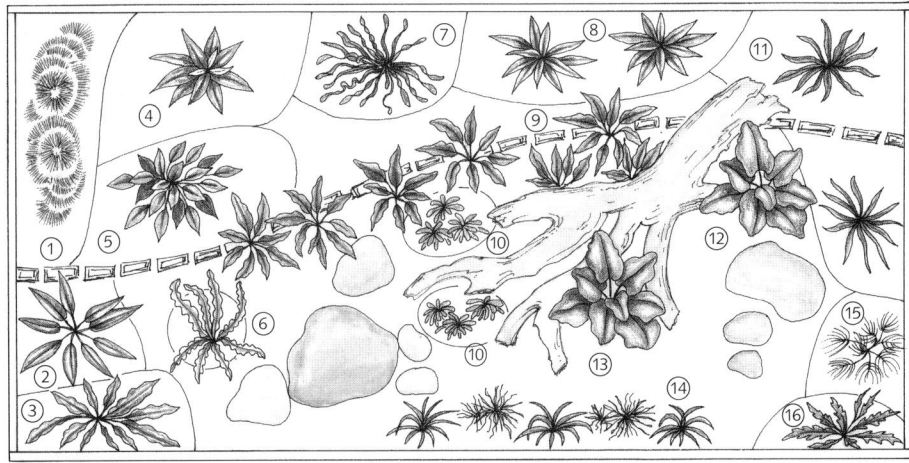

2| Bepflanzungsplan für ein mittleres Aquarium (130 x 60 cm).

14 *Echinodorus tenellus* (6-8 Töpfe),
15 *Myriophyllum aquaticum* (1 Bund),
16 *Bolbitis heudelotii* (2-3 Stück).

Einrichtungsbeispiel 250-Liter-Becken
Zeichnung 3
Rück- und Seitenwände mit Kork-, Stein- oder Kunststoffrückwänden verkleiden. Terrasse aus Kork, Stein , Wurzelholz oder Kunststoff gestalten.

Die Pflanzen:
1 *Hygrophila corymbosa* (1 Bund),
2 *Heteranthera zosterifolia* (1Bund),
3 *Vallisneria spiralis* (1 Bund),
4 *Cryptocoryne pontederiifolia* (2 Bund),
5 *Cryptocoryne x willisii* (3 Bund),
6 *Alternanthera reineckii* (3 Töpfe),

7 *Cryptocoryne cordata* (3 Bund),
8 *Nymphaea lotus grün* (3 Stück),
9 *Cabomba piauhyensis* (1 Bund),
10 *Limnophila aquatica* (4 Töpfe),
11 *Lobelia cardinalis* (6 Töpfe),
12 *Hemianthus micranthemoides* (5 Töpfe),
13 *Echinodorus tenellus* (etwa 30 Stück),
14 *Hygrophila polysperma* (1 Bund),
15 *Cryptocoryne affinis* (2 Bund),
16 *Vallisneria asiatica var. biwaensis* (1 Bund),
17 *Didiplis diandra* (2 Bund),
18 *Hygrophila difformis* (1-2 Bund),
19 *Microsorium pteropus* (5 Stück),
20 *Hydrocotyle leucocephala* (1 Bund),
21 *Ammannia gracilis* (3 Töpfe),

22 *Cryptocoryne wendtii* (3 Bund),
23 *Nymphaea lotus rot* (1 Stück),
24 *Saururus cernuus* (10 Töpfe),
25 *Echinodorus osiris* (3 Stück),
26 *Sagittaria subulata* (1 Bund),
27 *Rotala macrandra* (2 Bund),
28 *Aponogeton ulvaceus* (1 Topf),
29 *Echinodorus tenellus* (etwa 30 Stück),
30 *Shinnersia rivularis* (1 Bund),
31 *Cabomba aquatica* (1 Bund),
32 *Bacopa caroliniana* (2 Bund),
33 *Cryptocoryne affinis* (3 Bund).

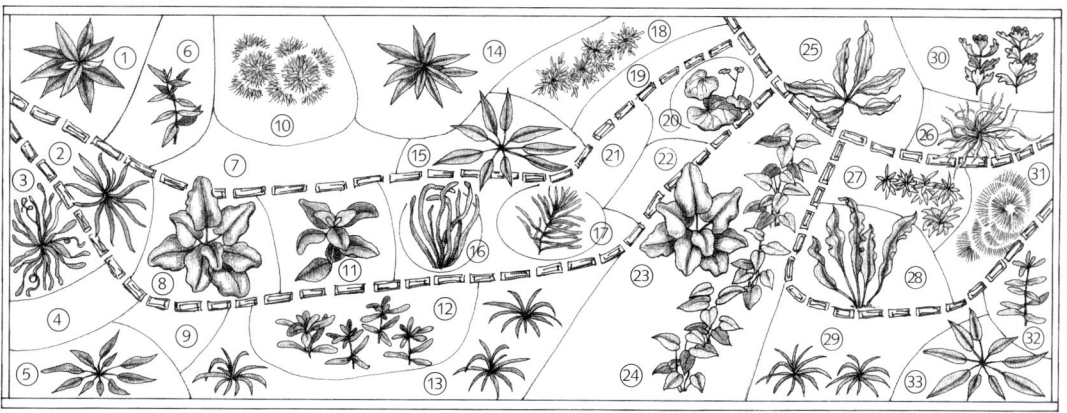

3| *Bepflanzungsplan für ein großes Aquarium (Bodenfläche 200 x 70 cm).*

Blüten des Pontederiablättrigen Wasserkelchs.

Zu den Fotos:
Der Pontederia-
blättrige Wasser-
kelch (Crypto-
coryne pontede-
riifolia) gehört zu
den Rosettenpflan-
zen. Das Bild
rechts zeigt einen
Blick in das Innere
einer Blüte.

Einrichten eines »Holländischen Pflanzenaquariums«

Ein »Holländisches Aquarium« ist ein effektvoll bepflanzter Unterwassergarten. Damit ein harmonischer Gesamteindruck von Dekoration und Bepflanzung entsteht, wählt man dafür Pflanzen, die gleiche Ansprüche an Beleuchtung, Temperatur, Wasserzusammensetzung und Düngung stellen. Außerdem sollen sie in Form und Farbe miteinander kontrastieren und einander in ihrer Wirkung ergänzen. Sogar die Fische werden passend zu den Pflanzen ausgewählt.

Tips für Planung und Dekoration

Die Dekorationsmaterialien Stein, Holz, Kork und auch Kunststoff können Sie so wie in jedem anderen Aquarium verwenden. Es kommen alle Pflanzen in Frage, die Ihnen gefallen, solange sie die gleichen Ansprüche an ihre Umwelt stellen. Wenn Sie ein großes Becken mit vielen Pflanzen einrichten wollen, planen Sie die Anordnung am besten erst einmal auf dem Papier.(→ Bepflanzungspläne, Seite 34 und 35).

Fische für das »Holländische Pflanzenaquarium«

Die Fische für ein Pflanzenaquarium dürfen nicht zu groß und nicht zu lebhaft sein. Natürlich sollten sie auch keine Pflanzen fressen und nicht im Boden herumwühlen. Problemlos halten lassen sich:

• Kleine bis mittelgroße Salmler und Salmler-Verwandte, zum Beispiel Roter Neonsalmler (*Paracheirodon axelrodi*), Trauermantelsalmler (*Gymnocorymbus ternetzi*), alle Arten der Gattung *Hemigrammus*, zum Beispiel der Glühlichtsalmler (*Hemigrammus erythrozonus*), alle Arten der Gattung *Hyphessobrycon*, zum Beispiel der Blutsalmler (*Hyphessobrycon callistus*), alle Arten der Beilbauchfische, zum Beispiel *Carnegiella strigata*, alle Ziersalmler der Gattungen *Nannostomus* und *Nannobrycon*.
• Kleine und mittelgroße Barben und Bärblinge, die nicht an Pflanzen zupfen, zum Beispiel Purpurkopfbarbe (*Puntius nigrofasciatus*), die Ceylonbarbe (*Barbus cumingi*), die Zebrabärblinge der Gattungen *Danio* und *Brachydanio*, alle Bärblinge der Gattung *Rasbora*.
• Alle Arten der Lebendgebärenden Zahnkarpfen (*Poeciliidae*), wenn das Wasser nicht zu weich ist (nicht weni-

ger als 12° Gesamthärte). Vorsicht, rechtzeitig die überreichlich erscheinenden Jungfische herausfangen!
<u>Anzahl der Fische:</u> Man rechnet 4 bis 8 l Wasser pro cm Fischlänge (Länge des erwachsenen Fisches).

Pflege des Holländischen Pflanzenaquariums

Zur richtigen Pflege des Pflanzenaquariums benötigen Sie:
• Einige Stunden Zeit pro Woche, sonst wird der prächtige Unterwassergarten bald unansehnlich.
• Eine dicht schließende Deckscheibe, damit das Kohlendioxid (CO_2) nicht entweicht (→ Seite 11).
• Ausreichende Beleuchtung, vorzugsweise aus Leuchtstoffröhren, die das ganze Becken gleichmäßig erhellen (→ Seite 18).
• Eine Bodenheizung (→ Seite 22), denn die Pflanzen sollen in schwach erwärmtem, leicht durchströmtem Boden stehen.
• Einen Filter, der nicht mehr als die Hälfte des Wassers einmal pro Stunde umwälzt. Mehr brauchen die wenigen, kleinen Fische nicht, und die Pflanzen stehen - wie gewünscht - in einer nur schwachen Strömung.
• Wasserentsalzung durch Ionenaustausch oder Umkehrosmose ist bei hartem Leitungswasser nötig, denn viele Aquarienpflanzen (Steckbriefe → Seite 62 bis 89) brauchen weiches, leicht saures Wasser.
• Düngung durch Langzeitdünger, der bei der Einrichtung in den Bodengrund eingebracht wird, regelmäßiges Nachdüngen mit Flüssigdünger nach jedem Wasserwechsel, möglichst tägliche Zugabe von Spurenelementen, damit die Pflanzen diese wichtigen Nährstoffe in immer gleicher Menge im Wasser vorfinden (→ Seite 16), CO_2-Düngung.

Mein Tip: Da man zu groß gewordene Pflanzen häufig stutzen und neu stecken muß (Stengelpflanzen im Vordergrund manchmal jede Woche), braucht man ständig neue, ansehnliche Gewächse, die man gegen verkümmernde austauschen kann. Ständiges Stutzen und Umsetzen vertragen die meisten Pflanzen nicht. Deshalb sollten Sie immer Ersatzpflanzen auf Vorrat haben, die in einem oder mehreren Aquarien submers oder emers herangezogen werden. Die kräftigsten Jungpflanzen und neuen Triebe werden dann nach Bedarf in das Pflanzenaquarium eingesetzt. So bleibt der optische Eindruck des Unterwassergartens erhalten.

Zum Foto:
Die zum Fruchtknoten verwachsenen Fruchtblätter tragen die Narbe (gelb), das Empfangsorgan für die Pollenkörner. Die Staubblätter sitzen auf einem dünnen Stiel.

Aufgeschnittene Blüte des Wasserkelchs.

Pflanzenpflege und Vermehrung

Für die Pflanzenpflege sind oft nur ein paar Minuten und wenige Handgriffe nötig. Doch gerade auf die kommt es an, denn ungepflegte Pflanzen sehen nicht nur wenig dekorativ aus, sondern verschlechtern auch das gesamte Aquarienmilieu.

Pflanzenbestände müssen im Aquarium besonders sorgfältig gepflegt werden, sonst verwandelt sich Ihr Unterwassergarten schnell in einen Unterwasserurwald. Das Zurückschneiden und Auslichten der Pflanzen gehört ebenso dazu wie das Entfernen abgestorbener Blätter.

Pflegeplan

Aquarien, die hauptsächlich zur Haltung von Pflanzen eingerichtet sind, werden genauso gepflegt wie alle anderen Aquarien.

Täglich müssen Sie die Funktion der technischen Geräte überprüfen, Ihre Fische zählen, nachsehen, ob alle gesund sind, und sie füttern.

Wöchentlich müssen Sie die Sichtscheiben und die Deckscheibe reinigen (mit einem Schwamm oder einem Algenmagneten), angefressene und absterbende Pflanzenblätter entfernen und Mulm, der sich eventuell auf feinfiedrigen Pflanzen abgesetzt hat, vorsichtig abklopfen.

Wöchentlich oder alle 14 Tage müssen Sie etwa 1/5 bis 1/3 des Wassers wechseln. Die Häufigkeit ist abhängig von Anzahl und Größe der Fische: je mehr und je größere Fische beziehungsweise je weniger Pflanzen, desto mehr und desto häufiger muß Wasser gewechselt werden. Beim Wasserwechsel mit dem Schlauch Mulm vom Boden absaugen, und beim Auffüllen des Beckens Flüssigdünger zusetzen.

Hinweis: Aus dichten Cryptocorynen-Beständen den Mulm vorsichtig, aber gründlich entfernen. Ragen zarte Wurzelspitzen aus dem Kies in die Höhe, ist der Boden verdichtet. Er muß aufgelockert und der Pflanzenbestand ausgelichtet werden.

Stengelpflanzen pflegen

Sobald sie die Wasseroberfläche erreichen, kürzt man Stengelpflanzen ein. Läßt man sie flutend an der Oberfläche weiterwachsen, werden sie üppiger und verzweigen sich auch, aber sobald sie den Bodenpflanzen zuviel Licht wegnehmen, müssen sie zurückgeschnitten werden:

• Bei Pflanzen, die sich nach dem Rückschnitt sehr verzweigen (wie *Hygrophila*-Arten), kann man das bewurzelte untere Ende der Stengel stehen und wieder austreiben lassen.

• Andere Arten (zum Beispiel *Cabomba*) verzweigen sich nach dem Einkürzen spärlich und ihre Neutriebe bleiben klein. Man entfernt daher die ganze Pflanzengruppe, schneidet von jedem Trieb die oberen 20 cm als Steckling ab und pflanzt die Gruppe aus diesen Kopfstecklingen neu (die unteren Teile wegwerfen).

Rosettenpflanzen pflegen

Von Zeit zu Zeit entfernt man bei Rosettenpflanzen alte Blätter und lichtet die Pflanzenbestände aus. Bei allen Pflegemaßnahmen vorsichtig vorgehen, damit die Pflanzen ihre natürliche Wuchsform behalten.

Großwüchsige Pflanzen verkleinern: Wenn zum Beispiel der Herzblättrige Wasserwegerich (*Echinodorus cordifolius*) oder die See- und Teichrosen

(*Nymphaea* und *Nuphar*) zu groß geworden sind, pflückt man die größten äußeren Blätter ab. Außerdem sticht man mit einem scharfen Messer – etwa 15 cm vom Blattschopf entfernt – ringsherum die Wurzeln ab. Die Pflanzen bilden dann neue Wurzeln. Während dieser Zeit wachsen sie nicht weiter. Die *Nymphaea*- und *Nuphar*-Arten treiben dann keine Schwimmblätter. Sollen sie blühen, muß man ihnen 3 bis 5 Schwimmblätter belassen. Wer auf die Blüte keinen Wert legt, kann die Schwimmblätter sofort nach Erscheinen abkneifen.

<u>Ausläufertreibende Pflanzen</u> auslichten: In sehr dichten Pflanzenrasen von Sagittarien und Vallisnerien oder rasenbildenden Vordergrundpflanzen wie *Echinodorus tenellus* bilden sich bei starker Beleuchtung sehr viele Algen. Die Fische können sie nicht mehr auffressen, und auch der Mensch kann sie nicht mehr entfernen.

• Als Vorbeugemaßnahme rupft man von Zeit zu Zeit schwächere Jungpflanzen heraus oder entfernt auch einmal eine alte Pflanze, damit die Bestände sich wieder verjüngen.

• Da die Ableger nicht einzeln stehen, sondern ganze »Ketten« bilden (→ Zeichnung Seite 42), reißt man meist mehrere auf einmal heraus. Sind dabei zu große Lücken entstanden, setzen Sie einige der herausgerissenen Pflanzen wieder ein.

• Sehr sorgfältig arbeiten muß man beim Herausziehen alter Pflanzen. Vor allem bei den kleinen *Echinodorus*-Arten kann es passieren, daß abgerissene Wurzelteile im Boden zurückbleiben, faulen und die jungen Pflanzen ringsherum in Mitleidenschaft ziehen. Häßliche Löcher im »Rasen« wären die Folge.

• Sehr verfilzte Bestände entfernt man oft besser ganz, sucht die kräftigsten Jungpflanzen heraus und setzt sie neu (Cryptocorynen sollte man ebenso behandeln).

<u>Pflanzen mit Ruhezeiten:</u> Die meisten *Aponogeton*-Arten, die eine Knolle als Nährstoffspeicher besitzen, verlangen eine Ruhepause. *Aponogeton*-Knollen treiben nach dem Einpflanzen rasch aus und wachsen und blühen unter günstigen Bedingungen sehr üppig. Nach etwa 8 Monaten stellen sie das Wachstum ein und verlieren nach und nach alle Blätter: Sie ziehen ein. Dann:

• Die Knolle im Aquarium lassen, sie treibt nach einigen Wochen meist wieder aus.

• Falls nach 2 Monaten keine neuen Blätter erscheinen, die Knolle ausgraben und einige Wochen lang auf dem Bodengrund liegenlassen. Nach

Wasserwechsel mit Schlauch und Eimer. Der Sog des abfließenden Wassers reicht aus, um Futterreste, Mulm und Algen vom Bodengrund mit abzusaugen.

erneutem Einpflanzen treibt sie dann wieder aus. Die Fische dürfen allerdings die Knolle nicht anfressen.

Mein Tip: Viele *Aponogeton*-Arten erschöpft die gleichbleibende Wärme des Tropenaquariums, sie werden von Jahr zu Jahr schwächer. Den meisten bekommt es besser, wenn man sie in eine flache Tonschale pflanzt und die Schale aus dem Becken nimmt, sobald die Pflanze einzieht. Die Schale dann 2 bis 3 Monate lang in ein kühleres Aquarium stellt, die Pflanze verträgt während ihrer Ruhezeit Temperaturen bis zu 16 °C und weniger Licht. Danach bringt man sie ins Tropenbecken zurück, sie treibt bei Temperaturen von über 20 °C willig wieder aus.

Düngen der Pflanzen

Wie oft und womit Sie Ihre Pflanzen düngen, hängt ab von der Anzahl der Pflanzen, der Lichtstärke, der Wassertemperatur, Art und Anzahl Ihrer Fische (Fische sind Düngerproduzenten) und vom Dünger, für den Sie sich beim Einrichten des Beckens entschieden haben. Man unterscheidet folgende Düngerarten:

Langzeitdünger werden beim Einrichten in den Bodengrund eingebracht (Gebrauchsanweisung beachten). Nachgedüngt wird nach jedem Teilwasserwechsel mit einem eisenhaltigen Flüssigdünger.

Flüssigdünger können in Aquarien ohne Langzeitdünger im Bodengrund auch alleine verwendet werden. Zum ersten Mal düngen Sie beim Einrichten des Beckens, dann nach jedem Teilwasserwechsel. Beachten Sie die Gebrauchsanleitung, denn die Dosierung ist bei den einzelnen Präparaten verschieden.

An Luftsprossen entwickelt die Kardinalslobelie (Lobelia cardinalis) kardinalrote Blüten.

So düngen Sie richtig

Beachten Sie beim Düngen folgende Grundregeln:

• Verwenden Sie nur Düngepräparate, die ausdrücklich für Aquarienpflanzen bestimmt sind! Düngemittel für Landpflanzen enthalten den Stickstoff im allgemeinen als Nitrat, das Wasserpflanzen nicht verwerten können oder das ihnen sogar schadet. Den Fischen schaden große Nitratmengen auf jeden Fall!

• Düngen Sie mäßig, aber regelmäßig. Die Aquarienpflanzen gedeihen so besser, als wenn sie größere Düngermengen in großen Zeitabständen bekommen.

• Düngen Sie nach jedem Teilwasserwechsel (Menge gemäß Gebrauchsanleitung). Falls Sie Wasseraufbereitungsmittel verwenden (es fällt Chemikalien aus dem Leitungswasser aus), düngen Sie 1 bis 2 Tage später.

• Spurenelemente gibt man täglich in winzigen Mengen.

CO$_2$-Düngung

Kohlendioxid (CO$_2$) ist das wichtigste Düngemittel. Selbst bei optimaler Beleuchtung, Düngung und Bodengrundwärme kommt das Wachstum zum Stocken, wenn die Pflanzen nicht genug CO$_2$ erhalten. Vor allem in Becken mit vielen Pflanzen brauchen Sie ein CO$_2$-Düngegerät. Installieren und betreiben Sie es wie vom Hersteller empfohlen. In der Regel liegen diesen Geräten verständliche Gebrauchsanweisungen bei.

Die Keilfleckbarben fühlen sich in diesem hauptsächlich mit Kardinalslobelien (vorn) und Seegrasblättrigen Trugkölbchen (hinten) bepflanzten Becken wohl. ▷

Bei Aquarienpflanzen ist die vegetative Vermehrung durch Teilung und Abtrennung von Jungpflanzen viel einfacher und erfolgversprechender als die Vermehrung durch Aussaat von Samen.

Ableger
Zeichnung 1
Pflanzen mit gestauchter Sproßachse (Rosettenpflanzen wie Vallisnerien oder Cryptocorynen) bilden Ausläufer (Seitenzweige), an deren Ende sich Jungpflanzen entwickeln.
Beim Vermehren beachten: Ableger nicht zu früh vereinzeln!
Die Jungpflanzen sollen mindestens ein Drittel, besser halb so groß sein wie die Mutterpflanze (Cryptocorynen fast ganz so groß).
Bei reichlich Ausläufer treiben-

den Arten nur die kräftigsten Jungpflanzen zur Neupflanzung verwenden.
Abgetrennte Ableger mit eingekürzten Wurzeln an neuen Standort einsetzen (→ Einpflanzen, Seite 30).
Hinweis: Ableger von Schwimmpflanzen nicht abtrennen, die Verbindung zur Mutterpflanze zerfällt von selbst.

Adventivpflanzen
Zeichnung 2
Adventivpflanzen entwickeln sich an unterschiedlichen Teilen der Mutterpflanze. Zum Beispiel bilden sie sich
• bei großen *Echinodorus*-Arten (*Echinodorus cordifolius* oder *Echinodorus bleheri*) an den Quirlen der submersen Blütenstengel;
• bei Wasserfarnen (*Microsorium pteropus, Ceratopteris*-Arten) aus Knospen an den Blatträndern;
• bei manchen *Aponogeton*-Arten (*Aponogeton undulatus*) anstelle einer Blüte;

2| *Einige Adventivpflanzen können sich an verschiedenen Teilen der Mutterpflanze entwickeln. Oben: Wasserfarn. Unten: Wasserfreund.*

• bei großen *Hygrophila*-Arten (*Hygrophila difformis, Hygrophila polysperma*) an der Abrißstelle einzelner Blätter, die man auf dem Wasser treiben läßt.
Beim Vermehren beachten: Adventivpflanzen sollen wenigstens 8 Blätter und kräftige Würzelchen besitzen, *Aponogeton*-Jungpflanzen auch eine kleine Knolle.
Adventivpflanzen an Blütenstielen nicht abtrennen, besser den Stiel bis zum Boden biegen und mit Steinen oder Pflanzenklammern befestigen. Die Jungpflanzen bewurzeln sich von selbst.
Hinweis: Adventivpflanzen der Schwimmfarne nicht abtrennen.

Stecklinge
Zeichnung 3
Stengelpflanzen vermehrt man durch Stecklinge, d.h. durch Abschnitte der Sproßachse, die in den Bodengrund gesteckt

1| *Ableger nicht zu früh vereinzeln. Die Jungpflanzen sollten schon etwa halb so groß sein wie die Mutterpflanze.*

werden und sich an den Stengelknoten bewurzeln.

Beim Vermehren beachten: Verwenden Sie als Stecklinge die Seitentriebe einer Stengelpflanze, oder zerschneiden Sie die ganze Pflanze in einen Kopfsteckling (oberer Teil mit Vegetationsspitze) und einen oder mehrere Sproßstecklinge (untere Teile ohne Vegetationsspitze). Kopfstecklinge und Seitenzweige wachsen schnell an, Sproßstecklinge treiben neue Seitentriebe aus den Blattachseln.

• Stecklinge beim Schneiden nicht quetschen (scharfes Messer verwenden)! Jeder Steckling sollte 15 bis 20 cm lang sein und mindestens 3, besser mehr als 4 Stengelknoten haben.

• Von den unteren Stengelknoten Blätter abpflücken, möglichst 4 Stengelknoten in den Boden stecken, damit sich recht viele neue Wurzeln bilden (→ Einpflanzen, Seite 30).

Kurzstecklinge, die nur 1 oder 2 Stengelknoten umfassen, schneidet man von unempfindlichen Pflanzen (Ludwigien, *Hygrophila*-Arten, *Heteranthera zosterifolia*) und steckt sie schräg in den Bodengrund. Sie bewurzeln sich und treiben aus einer Blattachsel einen Seitentrieb.

Teilung von Rhizomen

Zeichnung 4

Die Rhizome (abgewandelte Sproßachsen) der Cryptocorynen, *Echinodorus*-Arten und anderer Pflanzen verzweigen sich häufig. An den Enden dieser Seitentriebe entstehen Jung-

3| *Stengelpflanzen-Stecklinge 1= Kopfsteckling. 2= Seitenzweig. 3 = Sproßsteckling.*

pflanzen, die man zur Vermehrung abtrennen kann.

Beim Teilen beachten: Die Jungpflanzen sollten etwa 10 eigene Blätter haben und etwa halb so groß sein wie die Mutterpflanze.

• Die Wurzeln der Mutterpflanze vorsichtig freilegen und mit einem scharfen Messer (nicht quetschen) das Rhizom möglichst dicht an der Mutterpflanze durchschneiden.

• Die Jungpflanze vorsichtig

4| *Wurzeln der Mutterpflanze freilegen, Jungpflanze abtrennen.*

herausziehen. Die Wurzeln der Mutterpflanze wieder mit Bodengrund bedecken.

• Die Jungpflanze am neuen Standort einsetzen.

Ältere Rhizome teilen

Auch die älteren Teile der Rhizome, an denen keine Blätter sitzen, können Sie zur Vermehrung verwenden.

Beim Teilen beachten: Pflanze ausgraben. Das Rhizom etwa 5 cm vom Blattschopf entfernt mit einem scharfen Messer abschneiden und das beblätterte Stück einpflanzen.

Den unbeblätterten Teil des Rhizom in mehrere Stücke schneiden. Länge der Rhizomstücke:

• *Nymphaea*- und *Nuphar*-Arten 10 cm,
• Echinodorus 3 bis 5 cm,
• Crypotocorynen 5 cm Länge).

Nach dem Teilen die Wurzeln abschneiden. Die Rhizomstücke in ein Gefäß mit temperiertem Wasser (etwa 22 °C) legen. Nach einiger Zeit beginnen ein paar Knospen auszutreiben. Sobald sich am Rhizom neue Wurzeln gebildet haben, kann es gepflanzt werden.

Rhizomteilung bei Farnen

Bei den Farnen *Bolbitis heudelotii* und *Microsorium pteropus* die rückwärtigen Rhizomteile, die keine Blätter mehr tragen, aber noch grün sind, abschneiden. Die abgetrennten Stücke sollten etwa 5 cm lang sein. Man bindet sie auf Holz oder Steine, wo sie bald anwurzeln und neue Blätter bilden.

Die Vermehrung von Aquarienpflanzen gehört schon fast zur »Höheren Schule« der Aquaristik. Der Aquarianer muß nicht nur wissen, auf welche Weise sich die einzelnen Pflanzen vermehren, sondern auch, wie er die Ableger richtig einpflanzt.

Teilung ganzer Pflanzen

Eine große Rosettenpflanze können Sie teilen:
- Die Pflanze mit einem scharfen Messer in der Mitte durchschneiden und dabei das »Herz«, die Vegetationsspitze, in 2 Teile zerlegen.
- Die Wurzeln kürzen.
- Einen Teil der Blätter entfernen, damit die Blattmasse wieder im richtigen Verhältnis zur Größe des Wurzelballens steht. Entweder alle großen Blätter abpflücken oder jedes große, alte Blatt auf die Hälfte oder ein Drittel zurückschneiden.
- Beide Teile einpflanzen.

Gewinnung von Tochterzwiebeln

Die Zwiebeln der *Crinum*-Arten (Hakenlilie) bilden Tochterzwiebeln. Beim Abnehmen beachten: Zwiebel erst abnehmen, wenn die Jungpflanze etwa halb so groß ist wie die Mutterpflanze.
- Mutterpflanze ausgraben.
- Tochterzwiebeln vorsichtig abbrechen oder abschneiden.
- Mutter- und Tochterzwiebel in Torffasern wickeln und neu pflanzen.

Vermehrung durch Samen

Die Vermehrung der Aquarienpflanzen durch Samen ist ungleich aufwendiger und schwieriger als die vegetative Vermehrung. Soll die Aussaat und die Aufzucht der jungen Pflänzchen gelingen, sind mehrere Haltungs- und Vermehrungsaquarien für submerse und emerse Kultur nötig. Doch der Erfolg ist nicht garantiert.

Welche Pflanzen blühen?
Es hängt von der Pflanzenart und den Haltungsbedingungen ab, ob Aquarienpflanzen blühen.
In allen Aquarien, auch mit Deckscheibe, blühen ganzjährig submers lebende Pflanzen verhältnismäßig leicht, zum Beispiel die See- und Teichrosen *(Nuphar, Nymphaea)*, Schwimmpflanzen wie die Muschelblume *(Pistia stratiotes)*, die Wasserpest-Arten *(Egeria, Elodea)* und die Aponogeton-Arten.
In Aquarien ohne Deckscheibe kommen die meisten *Echinodorus*-Arten und fast alle Stengelpflanzen wie *Lobelia* oder *Hygrophila* zur Blüte.

Bestäubung und Aussaat
Da im Aquarium die natürlichen Bestäuber (Wind und Insekten) fehlen, müssen Sie den Blütenpollen von Pflanze zu Pflanze selbst übertragen.
Bestäubung: Geschieht bei kleinen, zarten Blüten mit einem feinen Aquarellpinsel (Marderhaar), bei größeren mit einem Wattebausch und bei großen einfach mit dem Finger.
Wichtig: Zweigeschlechtliche Blüten können nicht mit ihrem eigenen Pollen bestäubt werden, wenn die männlichen und die weiblichen Geschlechtszellen zu unterschiedlichen Zeiten reifen. Solche Blüten nennt man selbststeril. Pflanzen, bei denen Pollen und Samenanlagen zur gleichen Zeit reifen, sind meist selbstfertil, sie können mit dem eigenen Pollen bestäubt werden.
Aussaat: Die Samen muß man im Aquarium ernten, bevor sie ins Wasser fallen und vom Filter aufgesogen oder von den Fischen gefressen werden.
Aussäen: Säen Sie so bald wie möglich nach der Ernte aus (Keimfähigkeit

Wunderschön, aber selten, die Blüten des Seegrasblättrigen Trugkölbchens.

der Samen meist unbekannt!). Gehen Sie dabei so vor:

• Eine flache Schale mit einem Sand-Lehm-Gemisch füllen.

• Die Samen ganz flach im Abstand von etwa 1 cm leicht in das Gemisch drücken und mit einer dünnen Sandschicht übersieben. Sehr kleine Samen nur mit der Hand festdrücken.

• Die Saatschalen entweder in einem abgedeckten Aquarium mit flachem Wasserstand (bis 4 cm) aufstellen oder in einem großen Becken direkt

unter der Wasseroberfläche schwimmen lassen (an Kunststoffhaltern befestigen oder auf Steinaufbauten stellen). Die Schalen vorsichtig unter Wasser bringen, damit die Samen nicht herausgewirbelt werden.

• Keimen die Sämlinge, müssen sie mit zunehmendem Wachstum immer tiefer ins Aquarium abgesenkt werden beziehungsweise der Wasserstand im Extrabecken muß erhöht werden.

Abhilfe bei Krankheiten und Schädlingen

Wenn Sie Ihre Aquarienpflanzen bei optimaler Beleuchtung und der richtigen Temperatur pflegen, sie mit allen Nährstoffen versorgen und den regelmäßigen Teilwasserwechsel nicht vergessen, werden Sie kaum Probleme mit Pflanzenkrankheiten oder Mangelerscheinungen haben. Kümmerliches Wachstum und Pflanzenschäden sind häufig die Folge von Pflegefehlern. Dieses Kapitel hilft Ihnen, bei solchen Fehlern so rasch wie möglich Abhilfe zu schaffen.

Pflegefehler sind häufig die Hauptursachen für kümmerliches Wachstum und Pflanzenschäden. Dann hilft nur schnelles Handeln, indem Sie die Haltungsbedingungen für die Pflanzen sofort verbessern.

Schäden durch Fische und andere Tiere

Pflanzenschäden durch Fische und andere Wassertiere halten sich meist in Grenzen. Unangenehm können aber Blattläuse werden, wenn sie emerse Pflanzenteile befallen.

Fische und Schnecken
Sie verursachen meist nur geringe Schäden an Blättern und Stengeln. Fische fressen junge Triebe an sowie Blattspitzen und -ränder, vorzugsweise bei feinfiedrigen Pflanzen. Schnecken raspeln manchmal kleine Löcher mitten in die Blätter.
Abhilfe: Gesunde, wüchsige Pflanzen halten solche kleinen Schäden aus.

Insekten
Blattläuse, Rote Spinnmilben oder »Weiße Fliegen« können sich an emersen Pflanzenteilen ansiedeln.
Ursache: Meist zu trockene Luft.

Abhilfe: Nur mechanische und biologische Bekämpfung möglich. Insektenbekämpfungsmittel sind für Fische giftig!
• Bei leichtem Befall: Blattläuse und Spinnmilben mit den Fingern zerdrücken, stark befallene Pflanzenteile abschneiden. Oder Blattläuse an die Fische verfüttern – vor allem Lebendgebärende und Eierlegende Zahnkarpfen fressen diese Parasiten gerne: Befallene Stengel unter Wasser drücken, Schwimmblätter umdrehen und mehrmals untertauchen, und so die Läuse abspülen.
• Bei starkem Befall: Natürliche Raubfeinde der Schadinsekten einsetzen (ist nur in geschlossenen Behältern möglich!). Blattläuse zum Beispiel werden von Marienkäfer und Florfliegenlarven gefressen, die roten Spinnmilben von Raubmilben. Auch parasitische Pilze kann man zur Insektenbekämpfung einsetzen. Lassen Sie sich im Zoofachgeschäft beraten.

Pflegefehler und ihre Folgen

Pflanzen leiden manchmal unter Mangelerscheinungen, die durch falsche Auswahl oder mangelnde Pflege der technischen Geräte hervorgerufen werden.

Lichtmangel
Anzeichen: Pflanzen zart und schwächlich, Blätter blaßgrün bis gelblich, Stengel dünn. Bei Rosettenpflanzen kleine Blätter an schwachen

Stielen. Stengelpflanzen spärlich beblättert, lange Internodien, Wuchs in der Nähe der Lichtquelle kräftig und gedrungen, unterer Stengelteil manchmal völlig kahl. Auftreten von Kieselalgen.

Ursachen: Verwendung von zu wenigen oder zu schwachen Lampen, von Lampen ohne Reflektoren oder überalterten Leuchtstoffröhren. Zu kurze Beleuchtungsdauer (weniger als 12 Stunden täglich). Algen oder Kalkbelag auf der Deckscheibe. Zu dichte Schwimmpflanzendecke.

Abhilfe: Richtige Beleuchtung.

Falsche Wassertemperatur

Anzeichen: Bei zu hoher Temperatur übermäßig lange Internodien und kleine Blätter bei Stengelpflanzen, schmächtiges Wachstum bei Rosettenpflanzen (ähnliche Anzeichen wie bei Lichtmangel!). Bei zu kalter Haltung stellen Pflanzen ihr Wachstum ein und sterben nach einiger Zeit ab.

Ursache: Zu hohe oder zu niedrige Temperatur beziehungsweise falsches Verhältnis von Wärme und Lichtintensität oder von Wärme und Nährstoffangebot. Je höher die Temperatur, desto schneller wachsen die Pflanzen. Reicht dann Licht oder Nährstoffangebot nicht aus, kommt es zu Wachstumsstörungen. Außerdem verläuft bei höheren Temperaturen die Atmung viel intensiver als bei niedrigen, das heißt, die Pflanzen verbrauchen bei höherer Temperatur mehr O_2 und atmen mehr CO_2 aus. Bei starker Hitze übersteigt der O_2-Verbrauch durch die Atmung die O_2-Abgabe durch die Photosynthese. Es kommt zu Sauerstoffmangel im Becken.

Abhilfe: Temperatur, Licht und Nährstoffangebot überprüfen und Fehler korrigieren.

Falsche Lichtfarbe:

Anzeichen und Ursachen: Lang emporgeschossene Pflanzen bei Leuchtstofflampen mit sehr starkem Rotanteil im Lichtspektrum. Niedriger und gedrungener Wuchs bei sehr hohem Blauanteil. Kümmerwuchs und Lichtmangelerscheinungen bei einer Lampe mit grünem und gelbem Licht.

Abhilfe: Richtige Beleuchtung (→ Seite 18).

Blätter erkrankter Pflanzen. Links: Schwerer Blattschaden durch Nitratüberschuß; rechts: Angefaultes und durchlöchertes Blatt durch Cryptocorynenkrankheit (→ Seite 49).

Störungen im Bodengrund

Anzeichen: Aufsteigen von Gasblasen, sobald man mit einem Stöckchen hineinbohrt, kümmerlicher Pflanzenwuchs, Turmdeckelschnecken graben sich bei Tage nicht mehr ein, Wurzeln der Pflanzen schwach, angefault, eventuell schwarz.

Ursachen: Bodengrund verdichtet oder zu alt.

Abhilfe: Bodengrund lockern, dabei Mulm absaugen. Dies und festes Pressen auf den Boden läßt die Faulgase entweichen. 2 Tage danach Filter reinigen, eine Woche später Pflanzen düngen. Falls sich die Pflanzen nicht in spätestens 2 Wochen erholt haben, Bodengrund erneuern.
Vorbeugung: Bodengrund nicht länger als 3 Jahre im Aquarium belassen.

Ernährungsstörungen

Fehler bei der Nährstoffversorgung der Pflanzen können zu größeren Pflanzenschäden und zu massiven Störungen des ganzen Aquarienklimas führen. Sie sollten unbedingt vermieden werden.

Sauerstoffmangel
Anzeichen: Krankheitsanfälligkeit bei Fischen. Bei länger andauerndem Sauerstoffmangel kümmern die Pflanzen. Üppiger Algenwuchs.
Ursachen: Licht- oder Nährstoffmangel, die Pflanzen können dadurch nicht assimilieren, also keinen Sauerstoff bilden, der Stickstoff-Abbau im Aquarium funktioniert nicht mehr, da die Bakterien im Filter zu langsam oder gar nicht mehr arbeiten. Folge: Ein mit Abfallprodukten überlastetes Wasser und Kohlendioxid-Überschuß.
Abhilfe: Licht, Filter, Fischbesatz und alle übrigen Pflegemaßnahmen überprüfen, Fehler korrigieren.

Kohlendioxid (CO_2)-Mangel
Anzeichen: Die Pflanzen bleiben viel kleiner und wachsen langsamer als mit CO_2 gedüngte Pflanzen. Rauhe Beläge auf den Blättern (biogene Entkalkung).
Ursachen: CO_2-Mangel kann auch

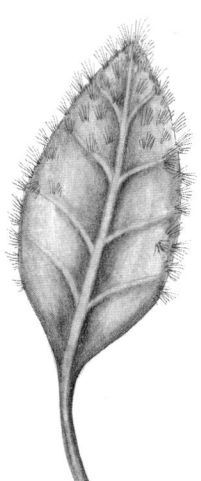

Die Schwarze Pinselalge gehört zu den Rotalgen.

bei optimaler Haltung und Ernährung auftreten sowie durch stark bewegtes Wasser oder Belüftung mit einem Ausströmerstein, da das CO_2 in die Luft entweicht.
Abhilfe: CO_2-Düngung, Wasser nicht so stark umwälzen, kein Ausströmer.

Kohlendioxid (CO_2)-Überschuß
Anzeichen: Fische schnappen an der Wasseroberfläche nach Luft (Erstickungsgefahr, ähnlich wie bei Nitritvergiftung).
Ursache: Sauerstoffmangel durch Pflegefehler, CO_2-Überdüngung, stark verschmutzte Filter, zu schwache Beleuchtung, zu viele Fische.
Abhilfe: Pflegemaßnahmen überprüfen, CO_2-Zufuhr besser dosieren, Düngegerät nachts abschalten oder an die Schaltuhr der Beleuchtung anschließen. In Gesellschaftsaquarien Haltungsbedingungen grundlegend verbessern!

Kaliummangel
Anzeichen: Gelbwerden der Ränder von jungen Blättern, Eisenchlorose (→ Seite 50).
Ursache: Kalium wird im Wasserwerk aus dem Leitungswasser entfernt, daher kann Kaliummangel auftreten.
Abhilfe: Regelmäßiges Düngen.

Phosphatüberschuß
Anzeichen: Durch Eisenphosphatbildung braune oder schwarze Verfärbung und Absterben der Blätter. Eisenmangel. Kommt Nitratüberschuß hinzu, dann explosionsartige Vermehrung der Algen.
Ursache: Teilwasserwechsel wurde vernachlässigt.
Abhilfe: Teilwasserwechsel unbedingt regelmäßig ausführen (das überschüssige Phosphat wird dadurch entfernt).

Die Rötliche Amazonas-Schwertpflanze wirkt sehr attraktiv.

Nitratüberschuß

<u>Anzeichen</u>: Überschuß an Nitrat führt, besonders bei gleichzeitigem Phosphatüberschuß, zu starker Algenentwicklung.

<u>Ursache</u>: Zu starke Fütterung, verschmutzte Filter, Teilwasserwechsel wurde vernachlässigt.

<u>Abhilfe</u>: Unbedingt regelmäßig Teilwasserwechsel durchführen, weniger füttern.

Die Cryptocorynen-Krankheit oder -fäule

Sie wird wahrscheinlich durch hohe Nitratkonzentrationen mit verursacht.

<u>Anzeichen</u>: Anfangs kleine Löcher in den Blättern oder an den Blatträndern (wie Fraßstellen von Fischen und Schnecken), anschließend Zusammenbruch der befallenen Pflanze oder des gesamten Bestandes.

<u>Ursache</u>: Noch nicht ganz klar. Auf jeden Fall sind aber unsauberes Wasser, mangelhafte oder falsche Ernährung (Nitrat statt Ammonium) und Lichtmangel Faktoren, die zu der Entstehung dieser Krankheit beitragen. Als Auslöser wirken Veränderungen im Aquarienmilieu, zum Beispiel Wasserwechsel nach langer Zeit, Düngung nach langer Hungerperiode, Wechsel einer überalterten Leuchtstoffröhre oder Reinigung eines sehr verschmutzen Filters.

<u>Abhilfe</u>: Das Aquarienmilieu sofort

verbessern. Zerfallendes Pflanzen-
material absaugen. Pflanzen in Ruhe
lassen, sie erholen sich meist in
wenigen Wochen.
Vorbeugung: Regelmäßiger Teilwasserwechsel, regelmäßige
Düngung, rechtzeitiges Auswechseln
der Leuchtstoffröhren.

*Blätter erkrankter Pflanzen. Links: Helle
Blattnerven, gelblich-glasiges Blatt-
gewebe durch Eisenchlorose;
Rechts: Grüne Blattnerven und gelbes
Blattgewebe durch Manganmangel.*

Mangel an Spurenelementen

Ein Mangel an Eisen, dem wichtigsten
Spurenelement, verursacht die Eisenchlorose.
Anzeichen: Gelbe Blätter, die brüchig
und glasig werden und schließlich
zerfallen.
Ursachen: Zu geringe Düngung,
Kaliummangel, Phosphatüberdün-
gung. In gut gedüngten Aquarien
auch zu hohe Karbonat- oder
Gesamthärte und pH-Werte über 7.

Abhilfe: Regelmäßige Düngung mit
eisenhaltigem Wasserpflanzen-
Volldünger oder tägliche Zugabe von
Spurenelementen (→ Seite 16), wenn
nötig Karbonathärte senken.

Manganmangel

Anzeichen: Blätter gelb, aber die
Blattnerven bleiben grün.
Ursache: Einseitige Eisendüngung.
Abhilfe: Düngung mit Wasser-
pflanzenvolldünger, keine einseitige
Eisendüngung.

Blattschäden durch Chemikalien

Anzeichen: Algenbekämpfungsmittel,
Fischmedikamente und Schneckengift
können Blattschäden verschiedenster
Art hervorrufen. Die einzelnen Pflan-
zenarten reagieren unterschiedlich
empfindlich und auch meist nicht so-
fort darauf. Erst einige Wochen nach
Anwendung dieser Mittel vergilben
sie oder werden braun.
Abhilfe: Nach allen chemischen
Bekämpfungsmaßnahmen Teil-
wasserwechsel. Es kann mehr als die
Hälfte des Aquarienwassers gegen
frisches ausgetauscht werden.
Wichtig: Bitte beachten Sie die
Gebrauchsanweisung der chemischen
Mittel.

Algenbekämpfung

Das Einschleppen von Algen läßt sich nicht verhindern. Spätestens mit neugekauften Pflanzen oder Wasserflöhen aus dem Gartenteich bringt man sie in das Becken. Neu eingerichtete Aquarien werden besonders oft von einer Algenplage heimgesucht. Aber auch in älteren Becken können die unterschiedlichen Algenarten auftreten. Man muß dafür sorgen, daß sie nicht überhandnehmen beziehungsweise gar nicht erst entstehen.

Algenart	Anzeichen	Ursache	Abhilfe
Blaualgen	Dichte, schmierige, blaugrüne, violette oder braunschwarze Beläge auf dem Bodengrund, den Steinen und Pflanzen. Modrig und scharf riechendes Wasser. 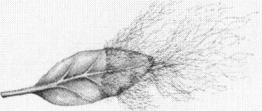 *Posthornschnecke*	In neu eingerichteten Aquarien das noch nicht stabile Aquarienmilieu. In älteren Becken verdichteter Boden, übermäßige Fütterung, Überdüngung, Absterben und Verfaulen von Tubifex im Boden, schlecht gepflegte Filter, mit Nitrat belastetes Leitungswasser, zu seltener Wasserwechsel, ständiger Sauerstoffmangel.	Beläge mit der Hand entfernen oder mit dem Schlauch sehr sorgfältig absaugen, am besten mehrmals täglich. In älteren Becken Filter reinigen, außerdem Teilwasserwechsel und Mulm absaugen. Zwei Tage später Pflanzen düngen, um sie zu kräftigen; zur schnellen Wasserverbesserung Sagittarien, Wasserpest, *Aponogeton*, *Hygrophila* einsetzen, die Stickstoffabbauprodukte aufnehmen. Als Algenfresser am einfachsten: Rote Posthornschnecken; am schnellsten: pro 50 l Wasser drei Japanische Algenbitterlinge (*Rhodeus sericeus*). Temperatur nicht über 25 °C!
Kieselalgen	Dünne, braune, etwas rauhe Beläge auf Aquarienwänden, Dekorationen und Pflanzen.	Lichtmangel, Sauerstoffmangel, zu hoher Nitratgehalt.	Lichtintensität verstärken oder tägliche Beleuchtungsdauer erhöhen. Möglichst Schnecken und algenfressende Fische einsetzen.
Rotalgen	Auf Pflanzen, Holz und Steinen schmutzig grüne bis schwärzliche Punkte (Schwarze Punktalgen), Fäden (Bartalgen) oder kleine Büschel (Schwarze Pinselalgen). 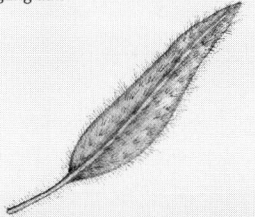 *Bartalge*	Einschleppen durch importierte Pflanzen aus Südostasien (vor allem Cryptocorynen), nitratreiches, hartes Wasser mit pH-Werten über 7 (CO_2-Mangel!). Befallen werden meist nur kümmernde Pflanzen.	Rotalgen sitzen sehr fest, deshalb Blätter abschneiden, man kann sie weder absaugen noch mit der Hand entfernen, ohne die Blätter zu beschädigen. Eisen- oder CO_2-Düngung bringt sie meist zum Verschwinden. Möglich ist auch die Filterung über Torf (mindestens zwei Monate lang), um Wasserhärte und pH-Wert zu senken. Überalterte Leuchtstoffröhren auswechseln. Algenfresser einsetzen.
Grünalgen	Je nach Grünalgenart verschieden. Auf Dekorationen, Pflanzen und Bodengrund watteartige Beläge (Pelzalgen), dunkelgrüne Punkte (Grüne Punktalgen), verzweigte Fadenbüschel (Grüne Büschelalgen), lange Fäden, die die Pflanzen einspinnen (Grüne Fadenalgen), nicht festgewachsene Knäuel (Knäuelalgen). Die mikroskopisch kleinen grünen Schwebealgen der Gattung Volvox verwandeln das Wasser in eine undurchsichtige grüne Brühe. *Grüne Pelzalge*	Phosphatüberschuß und hohe Nitratwerte. Volvox wird manchmal mit Wasserflöhen eingeschleppt, tritt auch in hellbeleuchteten Becken, bei übermäßiger Fütterung und Überdüngung auf.	Bei Volvox völlig Abdunkeln des Aquariums für drei bis vier Tage, Einsatz eines Oxydators (reichert das Wasser mit Sauerstoff an). Am besten UV-Licht, UV-Wasserklärer so lange betreiben, bis die Schwebealgen verschwunden sind. Mit einem DIA-TOM-Filter (Zoofachhandel) läßt sich Volvox einfach herausfiltern. Fadenalgen vorsichtig mit der Hand entfernen. Um den Grünalgen die Lebensmöglichkeit zu entziehen, den hohen Phosphat- und Nitratgehalt durch regelmäßigen Wasserwechsel senken. Weniger füttern. Möglichst algenfressende Fische einsetzen.

Die Pflanzen
in einem
Holländischen
Aquarium werden
ohne Rücksicht
auf ihre geogra-
phische Herkunft,
allein nach deko-
rativen Gesichts-
punkten geord-
net, wobei Größe,
Form und Farbe
jeder Pflanzen-
gruppe mit der
Nachbargruppe
und den übrigen
Dekorationsge-
genständen kon-
trastieren sollen.

Aquarien-LEXIKON

In einem Aquarium spielen sich die unterschiedlichsten biologischen und chemischen Vorgänge ab. Je mehr man darüber weiß, umso leichter lassen sich Pflegefehler und Mißerfolge vermeiden. Da man in der Aquaristik nicht ganz ohne die Kenntnis von Fachbegriffen auskommt, ist dieses kleine Aquarien-Lexikon zusammengestellt worden.

A

Ableger
Jungpflanze, die an der Spitze eines → Ausläufers der Mutterpflanze entsteht.

Adventivpflanze
Bewurzelte Jungpflanze, die sich an einem Teil der Mutterpflanze entwickelt, beim Javafarn *(Microsorium pteropus)* z.B. am Blattrand.

Algen
Niedere, blütenlose Wasserpflanzen, sehr einfach gebaut, zum Teil einzellig. Als Aufwuchs auf Substraten oder schwebend im Wasser. Im Süßwasseraquarium kommen vor: Blaualgen (keine echten Algen, sondern eng mit Bakterien verwandt), Kieselalgen (einzellig), Rotalgen (vielzellig), Grünalgen (ein- oder vielzellig).

Ursache für Algenplagen:
Zu hohes Nährstoffangebot (→ Nitrat, Phosphat), d.h. unsauberes Wasser. Zu wenig Pflanzen, die Nährstoffe verbrauchen, zu viel oder zu wenig Licht.
Abhilfe: Entfernen der Algen, Reduzierung der Nährstoffe, Korrektur der Beleuchtung, algenfressende Fische einsetzen.
Wichtig: Chemische Algenbekämpfungsmittel können bei vielen Pflanzen zu schweren Blattschäden oder sogar zum Absterben führen.

Alkalien
Die Alkalimetalle Kalium, Natrium, Rubidium und Cäsium bilden in Verbindung mit Säuren ebenso → Salze wie die Erdalkali-Metalle (→ Erdalkalien). Gelöste Salze der Alkali- und Erdalkalimetalle machen das Wasser alkalisch (→ pH-Wert). Hohe Konzentrationen von Alkali-Salzen können das Ergebnis der → Karbonathärte-Messung verändern.

Alkalisch
Wasser mit → pH-Werten von 7 bis 14 ist alkalisch, auch basisch genannt.

Ammoniak
Giftige stickstoffhaltige Verbindung (NH_3), die beim bakteriellen Abbau von Eiweißstoffen, z.B. Futterresten, Fischkot und -urin usw. entsteht. Kommt nur in → alkalischem Wasser vor, in → saurem Wasser entsteht aus Ammoniak → Ammonium.

Ammonium
Fast ungiftige stickstoffhaltige Verbindung (NH_4^-), die beim Abbau von Eiweißstoffen in → saurem Wasser entsteht. In → alkalischem Wasser verwandelt es sich in das giftige → Ammoniak. Ammonium ist der wichtigste Stickstoffdünger für Wasserpflanzen, daher unerläßlich zum Aufbau von pflanzlichem Eiweiß.

Assimilat
Ein im Lebewesen durch Umwandlung körperfremder in körpereigene Stoffe entstehendes Produkt (→ Assimilation).

Assimilation
»Angleichung, Anpassung«. Im botanischen Sinne ist damit die Umwandlung körperfremder in körpereigene Substanzen gemeint. Bei der Kohlendioxid-Assimilation (→ Photosynthese) werden aus dem → Kohlendioxid der Luft und Wasser die → Assimilate Zucker und Stärke gebildet. Dabei wird → Sauerstoff freigesetzt. Die Assimilate dienen zur Ernährung der Pflanze: Bei inneren Stoffwechselvorgängen (z.B. Atmung) wird ein Teil verbraucht. Zum Teil werden sie beim Pflanzenwachstum zu Cellulose umgewandelt, Faserstoffen, aus denen sich der Pflanzenkörper größtenteils aufbaut. Überschüssige Assimilate werden in Speicherorganen (→ Zwiebeln, Knollen, Rhizomen) als Reserve für Notzeiten eingelagert.

Atmung

Aufnahme von Sauerstoff und Abgabe von → Kohlendioxid beim Verbrauch von → Assimilaten für Wachstums- und innere Stoffwechselvorgänge der Pflanze. Atmung ist praktisch die Umkehrung der → Assimilation, wird daher auch als Dissimilation bezeichnet.

Ausläufer

Auf oder im Boden horizontal kriechender Seitensproß einer Pflanze, an dem sich → Ableger bilden.

B

Bakterien

Winzige einzellige Lebewesen. Ihre Zellstrukturen unterscheiden sich stark von denen der Algen und höheren Pflanzen und denen der Tiere. Bakterien haben keinen echten Zellkern. Einige Bakterienarten rufen Krankheiten bei Fischen und Pflanzen hervor. Weitaus wichtiger im Aquarium ist jedoch ihre Rolle beim Abbau der stickstoffhaltigen Substanzen von Eiweiß zu → Nitrat. Für jeden Schritt des Abbaus sind eigene Bakterienarten zuständig. Einige können in Spezialfiltern auch noch Nitrat zu gasförmigem → Stickstoff abbauen.

Basen

Verbindungen, die das Wasser → alkalisch machen. Enthält Wasser mehr Säuren als Basen, ist es → sauer; enthält es mehr Basen als Säuren, ist es alkalisch.

Biogene Entkalkung

Bei Kohlendioxid (CO_2)-Mangel im Wasser (Nährstoffmangel) können die Pflanzen CO_2 aus den → Härtebildnern der → Karbonathärte gewinnen. Sie zerlegen zunächst die Hydrogenkarbonate in CO_2 und Karbonate. Dadurch steigt der → pH-Wert um etwa eine Stufe an, und die weitgehend unlöslichen Karbonate fallen aus und bilden rauhe Beläge auf Blättern und anderen Substraten. Manche Pflanzen, besonders Vallisnerien und Wasserpest, können auch noch die Karbonate zerstören und daraus CO_2 gewinnen, wodurch das Wasser wieder um eine Stufe → alkalischer wird.
Biogene Entkalkung läßt das Wasser also 10 bis 100 mal so alkalisch werden, als es vorher war. Bei Dunkelheit, wenn → Photosynthese nicht möglich ist, kehrt sich der Vorgang um: Es entstehen wieder Karbonate und Hydrogenkarbonate und der pH-Wert sinkt. Ständige pH-Schwankungen, vor allem aber das Ansteigen des pH-Wertes bis über 9, schädigen die Fische und führen manchmal bis zum Tod (Laugenkrankheit).
Abhilfe: → CO_2-Düngung. Haben die Pflanzen genug im Wasser gelöstes CO_2 zur Verfügung, bleiben Karbonathärte und pH-Wert unverändert.

Blatt

Organ, in dem die → Photosynthese abläuft. Gegliedert in Blattspreite, Blattstiel und Blattgrund (Übergangszone von Stiel zu Spreite). Die Blattspreite trägt an der Oberseite (bei feinfiedrigen Wasserpflanzen überall) Assimilationsgewebe, in dem sich die Chloroplasten befinden. Sie enthalten die → Chlorophylle, die für die Photosynthese notwendig sind und dem Blatt die grüne Farbe verleihen. Außerdem besitzt das Blatt ein Luftgefäßsystem für den Gasaustausch und den Auftrieb im Wasser sowie Leitungsgewebe zum Stofftransport, wodurch die bei der → Assimilation gebildeten Reservestoffe (Zucker, Stärke) in die Speicherorgane gebracht werden.

Blüte

Teil der Pflanze, der die Fortpflanzungsorgane trägt. Dies sind die → Staubblätter (männlich) und die → Fruchtblätter (weiblich), die durch → Samen für die Vermehrung der Pflanze sorgen (→ sexuelle Fortpflanzung). Farbige, große Kronblätter locken Bestäubungsinsekten an. Bei Bestäubung durch Wind sind die Kronblätter klein oder fehlen.

Aquarien-LEXIKON

C

Chelatoren
Synthetische organische Säuren, die dafür sorgen, daß Eisen und andere Spurenelemente von den Pflanzen problemlos aufgenommen werden können. Chelatoren werden als Nährstoffträger in Wasserpflanzendüngern eingesetzt. Bei Mangel an Chelatoren fällen der Sauerstoff, das Eisen und die Spurenelemente aus. Sie werden unlöslich und stehen den Pflanzen nicht mehr zur Verfügung.

Chlorophylle
Grüne Pflanzenfarbstoffe, ohne die die → Photosynthese nicht möglich wäre. Bei höheren Pflanzen bildet sich die grüne Farbe aus einem Gemisch aus blaugrünem Chlorophyll a und gelbgrünem Chlorophyll b. Die Chlorophylle liegen in den sogenannten Chloroplasten der Pflanzenzellen. In ihnen findet die → Photosynthese statt. Die Chlorophylle nehmen aus dem Licht Energie auf, die nötig ist, um den Prozeß der Photosynthese in Gang zu setzen. Durch rote und braune Blattfarbstoffe können die Chlorophylle überdeckt und in der Farbwirkung für das menschliche Auge verändert werden. So kommt z.B. die rote Färbung beim Rotweiderich (*Rotala macrandra*) zustande. Solche Pflanzen brauchen viel Licht, denn die roten Farbstoffe beschatten die Chlorophylle.

CO_2-Düngung
Zufuhr von CO_2 (→ Kohlendioxid) in bepflanzte Aquarien, um die Pflanzen zu kräftigem Wachstum anzuregen und sie daran zu hindern, das CO_2 aus den → Härtebildnern herauszulösen. Die besten CO_2-Düngegeräte sind CO_2-Druckflaschen mit Druckminderventilen und Dosiergerät, dem sogenannten CO_2-Diffusor. Für den Kleinverbraucher lohnt sich ein Bio-Düngegerät, das CO_2 durch Gärung von Hefe herstellt.

Cryptocorynenkrankheit
Auch Cryptocorynenfäule genannt.
Löcherig- und Glasigwerden von Cryptocorynenblättern, gefolgt vom Zusammenbruch und Zerfall der Pflanze oder des ganzen Cryptocorynenbestandes im Becken. Ursache nicht genau bekannt, vielleicht Nitratüberdüngung (→ Nitrat). Als Auslöser wirken große Veränderungen im Aquarium wie Lampenaustausch oder größere Wasserwechsel. Für Gleichmäßigkeit im Aquarienmilieu und sauberes Wasser sorgen!

E

Einziehen
Verlust der Blätter am Anfang der → Ruhezeit. Die im → Blatt enthaltenen Reservestoffe (Stärke) werden vorher in Speicherorgane (z. B. Knollen, Zwiebeln) transportiert und abgelagert.

Eisen
Wichtigstes → Spurenelement. Eisenmangel verursacht Chlorose (Gelb- und Glasigwerden der Blätter).

Elektrischer Leitwert
Maß für den Gesamtsalzgehalt, d. h. für die Menge an gelösten Salzen im Wasser. Salze lösen sich im Wasser unter Bildung elektrisch geladener → Ionen. Sie leiten elektrischen Strom. Je mehr Ionen im Wasser vorhanden sind, desto mehr Strom wird geleitet. Chemisch reines Wasser leitet keinen Strom. Da etwa 80 % der im Wasser vorhandenen Ionen aus den gelösten Salzen der → Härtebildner stammen, nimmt man in der Aquaristik den elektrischen Leitwert auch als Maß für die → Gesamthärte.
Dieser Wert ist zwar nicht sehr genau, da alle Ionen und nicht nur die der Härtebildner erfaßt werden, genügt aber häufig, die aquaristische Qualität eines Wassers zu bestimmen.
Der Leitwert wird mit einem elektronischen Leitwertmesser bestimmt und in Mikro-Siemens/cm angegeben.

emers
Über Wasser befindliche Pflanzen oder Pflanzenteile.

Erdalkalien
Dies sind die Erdalkalimetalle Calcium, Magnesium, Barium, Strontium und ihre Mineralsalze. Calcium

und Magnesium sind in der Aquarienpraxis am wichtigsten. Ihre Verbindung mit der Kohlensäure liefert die Salze, die die → Karbonathärte bilden. Ihre Verbindung mit anderen Säuren, hauptsächlich der Schwefelsäure, liefert die Salze, die die → Nichtkarbonathärte bilden (Sulfate). Im Wasser gelöste Erdalkali-Salze zerfallen in → Ionen. Die Summe der Erdalkalien bildet die → Gesamthärte.

F

Flüssigdünger
Volldünger in flüssiger Form, wird nach jedem Teilwasserwechsel dem Aquarium zugeführt, entsprechend der Menge des gewechselten Wassers.

Fruchtblätter
Weibliche Geschlechtsorgane. Enthalten die Samenanlagen, in denen sich die weiblichen Geschlechtszellen entwickeln.

Fruchtknoten
Die miteinander verwachsenen → Fruchtblätter in den → Blüten der bedecktsamigen Blütenpflanzen. Bei der Samenbildung wird der Fruchtknoten zur Frucht umgewandelt.

G

Gasgleichgewicht
Beim Gasaustausch zwischen Wasser und Luft stellt sich für jedes Gas ein Gleichgewichts-

zustand ein. Ist zuwenig Gas im Wasser gelöst, dringt es aus der Luft ins Wasser ein, ist zuviel darin gelöst, entweicht es in die Luft. Der Gleichgewichtswert von Sauerstoff z.B. beträgt etwa 9 mg/l Wasser.

Gesamthärte
Auch Wasserhärte.
Die Gesamthärte wird bestimmt durch die Menge der im Wasser gelösten Salze der Erdalkalimetalle (→ Erdalkalien), hauptsächlich des Calciums und Magnesiums. Sie liegen in Ionenform (→ Ionen) vor. Wasser, das viele Calcium- und Magnesiumsalze enthält, bezeichnet man als hart, Wasser, das nur wenige enthält, als weich. Die Calcium- und Magnesiumsalze der Kohlensäure bilden die → Karbonathärte (KH), die Calcium- und Magnesiumsalze anderer Säuren, hauptsächlich die der Schwefelsäure (Sulfate), bilden die → Nichtkarbonathärte (NKH).
Die Gesamthärte ist die Summe aus Karbonathärte und Nichtkarbonathärte. In seltenen Fällen kann die Messung der Karbonathärte höhere Werte ergeben als die der Gesamthärte. Dann sind auch größere Mengen von Alkalimetall-Ionen im Wasser vorhanden, die die Härte zwar nicht beeinflussen, aber von der Karbonathärte-Messung mit erfaßt werden. Man betrachtet dann den Wert der Karbonathärte als den der Gesamthärte.
Die Gesamthärte wird in der Aquaristik in Grad deutscher Härte (°dGH) angegeben, die

neuere Bezeichnung »Summe der Erdalkalien«, gemessen in mmol/l, setzt sich aber immer mehr durch.

H

Härtebildner
→ Salze der Erdalkalimetalle (→ Erdalkalien) wirken im Aquarium als Härtebildner, d.h. von ihrer Menge hängt der Härtegrad des Wassers ab (→ Wasserhärte).

I

Internodium
Mehrzahl: Internodien. Abschnitt der → Sproßachse (Stengelabschnitt) zwischen zwei → Knoten.

Ionen
Im Wasser gelöste → Salze zerfallen in Ionen, d.h. in elektrisch positiv oder negativ geladene Teilchen. Die Menge der im Wasser gelösten Ionen bestimmt seinen Gesamtsalzgehalt, der als → elektrischer Leitwert angegeben wird.

Ionenaustausch
Im Wasser liegen die → Salze in Ionenform vor, d.h. als elektrisch geladene Teilchen. Ionenaustauscher sind Kunstharze mit schwacher elektrischer Ladung. Sie fangen die im Wasser gelösten Salz-Ionen ab und tauschen sie gegen chemisch reines Wasser (Wasserstoff- und Hydroxyl-Ionen) aus. Ionenaustauschgeräte sind im

Aquarien-LEXIKON

Zoofachhandel erhältlich. Es gibt Vollentsalzer, die alle, und Teilentsalzer, die nur einen Teil der im Wasser gelösten Ionen entfernen.

K

Karbonathärte

Die Karbonathärte ist der Teil der → Gesamthärte, der durch die Erdalkali-Salze der Kohlensäure hervorgerufen wird. Die Verbindungen der → Erdalkalien mit der Kohlensäure nennt man Hydrogenkarbonate (Bikarbonate) und Karbonate. Hydrogenkarbonate sind in Wasser leicht löslich, Karbonate fast gar nicht. Die Höhe der Karbonathärte hängt also von der Menge der gelösten Hydrogenkarbonate ab. Da diese beim Kochen in Karbonat und Kohlendioxid zerfallen und dann nicht mehr meßbar sind, bezeichnet man die Karbonathärte auch als »temporäre Härte«.

Die Höhe der Karbonathärte beeinflußt das Pflanzenwachstum stärker als die Höhe der Nichtkarbonathärte. Pflanzen können aus Hydrogenkarbonaten und Karbonaten Kohlendioxid herauslösen und für die Photosynthese verwerten (→ Biogene Entkalkung).

Die Karbonathärte wird in der Aquaristik in Härtegraden (°dKH) angegeben, die neuere Bezeichnung »Säurekapazität« mit der Maßeinheit mmol/l setzt sich aber immer mehr durch.

Knolle

Speicherorgan für Assimilate (→ Assimilation). Entsteht bei manchen Pflanzen aus der Wurzel (Wurzelknollen, z.B. bei Dahlien), bei anderen aus ober- oder unterirdischen Sproßteilen (z.B. unterirdische Sproßknollen bei *Aponogeton*-Arten). Vegetative Vermehrung durch Ausbildung mehrerer Knollen möglich.

Knoten

Auch Nodium genannt. Leicht verdickter Teil der → Sproßachse, an dem Blätter ansitzen.

Kohlendioxid

CO_2. Farb-, geruch- und geschmackloses Gas, etwa 0,03 % in der atmosphärischen Luft ausmachend. Entsteht bei der Atmung von Tieren und Pflanzen und bei allen Verbrennungsvorgängen. Als wichtigster Pflanzennährstoff wird CO_2 bei der → Photosynthese verbraucht. CO_2 löst sich in Wasser, es kann durch starke Wasserbewegung ausgetrieben werden. Eine gewisse Menge an CO_2 ist nötig, um die im Wasser gelösten → Härtebildner am Ausfallen, d.h. Unlöslichwerden, zu hindern. Wie hoch diese Menge sein muß, hängt von der Höhe der → Karbonathärte ab. Bepflanzte Aquarien sollten mit CO_2 gedüngt wer-den (→ CO_2-Düngung), sonst entnehmen die Pflanzen das nötige CO_2 den Härtebildnern (→ Biogene Entkalkung).

Kohlenhydrate

Hauptbestandteil pflanzlicher Organismen. Organische Kohlenstoff-Verbindungen, die von Pflanzen bei der → Photosynthese aus → Kohlendioxid und Wasser hergestellt werden, z.B. Zucker und Stärke (Nähr- und Speicherstoffe), Zellulose (zum Aufbau der Pflanze).

Kohlensäure

H_2CO_3. 0,7 % des im Wasser gelösten → Kohlendioxids gehen mit Wasser die chemische Verbindung zu Kohlensäure ein. Kohlensäure verbindet sich mit Calcium und Magnesium zu Karbonaten und Bikarbonaten (Hydrogenkarbonaten), den → Salzen, die die → Karbonathärte bilden.

Kopfsteckling

Oberer Teil (etwa 20 cm) einer Stengelpflanze, der abgetrennt und zur Bewurzelung neu gesteckt wird.

Kurzsteckling

Steckling mit 1 bis 2 Blattknoten (→ Knoten) und einem Blattpaar. Wird schräg in den Boden gesteckt und treibt einen Seitenzweig aus einer Blattachsel.

L

Langzeitdünger
Stark mit Eisen und anderen Nährstoffen angereicherter Bodengrund. Wird bei Neueinrichtung des Beckens unter der eigentlichen Kiesschicht eingebracht.

Laugen
→ Basen

N

Narbe
Organ zur Aufnahme des → Pollens. Entsteht aus der Spitze der → Fruchtblätter. Sitzt direkt auf dem → Fruchtknoten oder auf dem Griffel, einem stielförmigen Träger, der sich ebenfalls aus dem Oberteil der Fruchtblätter bildet.

Nichtkarbonathärte
Der Teil der Gesamthärte, der nicht durch die Erdalkali-Salze der → Kohlensäure, sondern durch die Erdalkali-Salze anderer Säuren, besonders die der Schwefelsäure (Sulfate) hervorgerufen wird. Die Nichtkarbonathärte verschwindet beim Kochen nicht, daher bezeichnet man sie auch als »Permanente Härte«.

Nitrat
NO_3. Nur schwach giftige stickstoffhaltige Verbindung, Endprodukt des Eiweißabbaues im Aquarienfilter. Kann von einigen Pflanzen als Dünger verwertet werden (z.B. Horn-

kraut). Zu hohe Nitrat-Konzentrationen begünstigen Algenwachstum; Nitrat durch regelmäßigen Teilwasserwechsel entfernen!

Nitrit
NO_2. Stark giftige stickstoffhaltige Substanz, die beim bakteriellen Abbau von → Ammonium zu → Nitrat anfällt. Gutgepflegte Filter in sauerstoffreichem Wasser durchlaufen die »Nitrit-Stufe« so schnell, daß den Fischen kein Schaden entsteht. In sauerstoffarmem Milieu arbeitet der Filter zu langsam: Nitritvergiftung!

P

pH-Wert
Maßeinheit für das Verhältnis von → sauer und → alkalisch (basisch) reagierenden Substanzen im Wasser. Sind Säuren und Alkalien (Basen) in gleicher Menge vorhanden, ist das Wasser neutral (pH 7). Liegen mehr Säuren als Basen vor, ist es sauer (pH-Wert unter 7), sind mehr Basen als Säuren vorhanden, ist es alkalisch (pH-Wert über 7). Es ist umso saurer bzw. alkalischer, je weiter der pH-Wert von 7 abweicht.

Photosynthese
Prozeß, bei dem aus → Kohlendioxid und Wasser durch Einwirkung von Licht auf die → Chlorophylle der grünen Pflanzen Kohlenhydrate (Zucker, Stärke) aufgebaut werden (→ Assimilation). Dabei wird Sauerstoff abgegeben.

Pollen, Pollenkörner
Enthalten die männlichen Geschlechtszellen.

Proteine
Eiweiße. Stickstoffhaltige organische Verbindungen, bestehen aus Aminosäuren. Unerläßlicher Baustein zum Aufbau aller Organismen (auch die Erbsubstanz besteht hauptsächlich aus Aminosäuren). Durch Stoffwechselvorgänge der Tiere und durch Absterben von Tieren und Pflanzen kommen viele stickstoffhaltige Abfallstoffe ins Wasser. Sie werden im Filter durch verschiedene stickstoffabbauende Bakterienarten zu → Ammonium, → Nitrit und → Nitrat abgebaut.

R

Rhizom
Verdickter, unterirdischer Teil der → Sproßachse, bringt nach Verzweigung an den Vegetationsspitzen neue Pflanzen und an den Stengelknoten Wurzeln und Blätter hervor. Zur Gewinnung von Jungpflanzen durch → vegetative Vermehrung kann das Rhizom, der Erdsproß, geteilt werden. Jedes Teilstück ergibt eine neue Pflanze.

Rückschnitt
Pflegemaßnahme zur Verkleinerung zu groß gewordener Pflanzen, d.h. Einkürzen von Stengelpflanzen, die dann meist buschiger werden, oder Entfernen der äußeren Blätter und Abstechen der Wurzelspitzen bei Rosettenpflanzen.

Aquarien-LEXIKON

Ruhezeit

Vegetationspause in Anpassung an jahreszeitlich bedingte Notzeiten (Trockenzeit). *Aponogeton*-Arten brauchen die Ruhezeit auch im Aquarium. Die Pflanze verliert die Blätter und treibt nach einigen Monaten wieder aus.

S

Säuregrad

Wird durch den pH-Wert ausgedrückt. Wasser mit einem pH-Wert unter 7 ist → sauer, über 7 → alkalisch. Den pH-Wert mißt man mit einem elektrischen pH-Meter oder mit den Testflüssigkeiten aus dem Zoofachhandel.

Salze

Chemische Verbindung von Metallen mit Säuren. Aquaristisch wichtig sind die Salze der Erdalkalimetalle als → Härtebildner.

Samen

Entstehen nach der Befruchtung aus den Samenanlagen, die in den → Fruchtblättern liegen. Enthalten die Embryonen und ihr Nährgewebe.

sauer

Wasser mit → pH-Werten von 1 bis 7 ist sauer.

Sauerstoff

O_2. Farb-, geruch- und geschmackloses Gas; das am weitesten verbreitete chemische Element. Bestandteil (21 %) der atmosphärischen Luft. Lebensnotwendig für die Atmung aller Organismen. O_2 löst sich im Wasser, in kühlem besser als in warmem. Im Aquarium notwendig für die Gesundheit der Fische und den schnellen Abbau organischer Abfälle durch die Filterbakterien.

Sexuelle Fortpflanzung

Auch geschlechtliche Fortpflanzung.
Bei Blütenpflanzen trägt die → Blüte die männlichen → Staub- und die weiblichen → Fruchtblätter.
Die Staubblätter tragen je einen Staubbeutel, in dem sich die → Pollenkörner (Blütenstaub) entwickeln. Darin liegen die männlichen Geschlechtszellen. Die Fruchtblätter enthalten die Samenanlagen mit den weiblichen Geschlechtszellen. Sie sind zu einem → Fruchtknoten verwachsen, ihr oberster Teil, die → Narbe, bildet ein Empfangsorgan für die Pollenkörner.
Wird ein Pollenkorn durch ein Insekt oder den Wind auf die Narbe übertragen (Bestäubung), wächst der sogenannte Pollenschlauch zum Fruchtknoten hinunter, darin wandern die männlichen Geschlechtszellen zu den weiblichen in den Samenanlagen. Nach der → Befruchtung beginnt die Entwicklung des Samens, aus dem die Pflanze entsteht.

Solitärpflanze

Schöne, große Einzelpflanze, meist → Rosettenpflanze, wird als Blickfang an hervorgehobener Stelle des Beckens eingesetzt (häufig: *Echinodorus cordifolius, Nymphaea lotus, Barclaya longifolia*).

Sproßachse

Die Hauptachse der Pflanze. Kann gestreckt (→ Stengelpflanze) oder gestaucht (→ Rosettenpflanze) sein. Trägt Blätter, verzweigt sich aus den Blattachseln heraus.

Sproßsteckling

Mittlerer Teil einer → Stengelpflanze, der sich nach dem Einpflanzen bewurzelt und Seitenzweige aus den Blattachseln treibt.

Spurenelemente

Bestimmte chemische Elemente wie Eisen, Kupfer, Zink, Mangan, ohne die die Organismen nicht überleben können, die sie aber nur in winzigen Mengen (»Spuren«) brauchen.

Staubblätter

Männliche Geschlechtsorgane. Tragen je einen Staubbeutel, der die → Pollenkörner mit den männlichen Geschlechtszellen enthält.

Stecklinge

Abgetrennte Teile von → Stengelpflanzen, die sich nach dem Einpflanzen bewurzeln und neue Pflanzen ergeben.

Stengelpflanze
Pflanze mit gestreckter →
Sproßachse. Stengel zwischen
den Blättern sichtbar.

Stickstoff
N_2. Farb-, geruch- und geschmackloses Gas, Haupt-
bestandteil (78 %) der atmosphärischen Luft. Liegt im
Aquarium in verschiedenen
organischen und anorganischen
Verbindungen vor, die beim
bakteriellen Abbau und der
Verwertung der Proteine
(Eiweiße) entstehen. Proteine
kommen durch Fischfutter und
absterbende Tiere und Pflanzen
ins Wasser, andere stickstoffhaltige Substanzen durch Fischkot und -urin. Sie alle werden
durch Zusammenwirken
verschiedener Bakterienarten
über viele Zwischenstufen zu
Ammonium/Ammoniak, dann
über Nitrit zu Nitrat abgebaut
(in Denitrifikationsfiltern sogar
zu gasförmigem, elementarem
Stickstoff).

submers
Unter Wasser befindliche
Pflanzen oder Pflanzenteile.

T

Teilung
Zwei- oder Mehrteilung der
Vegetationsspitze zur → vegetativen Vermehrung von → Rosettenpflanzen. Anschließendes
Reduzieren der Blätteranzahl,
da die Pflanze nach der Teilung
nicht sofort alle Blätter
ernähren kann.

U

Umkehrosmose
Verfahren zur Entfernung aller
Salzbildner. Umkehrosmosegeräte (im Zoofachhandel erhältlich) werden an die Wasser-
leitung angeschlossen. Das
Wasser wird mit Hilfe des Lei-
tungsdruckes durch eine dünne
Kunststoffmembran gepreßt,
die die kleinen Wasser-Ionen
(→ Ionen) passieren läßt, die
größeren Salz-Ionen der → Härtebildner aber zurückhält. Auch
Viren, Pilze und Pestizide werden größtenteils entfernt.
Umkehrosmosegeräte sollten im
Dauerbetrieb laufen.

V

Vegetationsspitze
Auch Vegetationskegel ge-
nannt. Wachstumszone der
Pflanze. Befindet sich an der
Spitze der → Sproßachse und in
den Blattachseln. Enthält Bil-
dungsgewebe (Meristem), in
dem sich die Zellen in großer
Geschwindigkeit teilen und
dadurch Wachstum und
Verzweigung ermöglichen.

Vegetative Vermehrung
Vermehrung aus Teilen einer
Mutterpflanze, die sich von
selbst bilden (→ Ableger,
→ Adventivpflanzen), oder
durch künstliche Eingriffe
entstehen (→ Stecklinge,
→ Teilung). Durch vegetative
Vermehrung entstandene Jungpflanzen sind mit der Mutterpflanze genetisch identisch.

W

Wasserentsalzung
Entfernung der im Wasser gelösten Salze durch → Ionenaustausch oder → Umkehrosmose.

Wasserhärte
Wasser, das viele Calcium- und
Magnesiumsalze enthält, bezeichnet man als hart; Wasser,
das wenig davon enthält, als
weich. Die Wasserhärte gibt
man in Härtegraden an.

Wurzel
Haftorgan, verankert die Pflanze im Boden. Nimmt Wasser
und Nährsalze auf, transportiert
sie durch Leitungsgewebe zu
den grünen Pflanzenteilen.
Nimmt von dort herantranspor-
tierte → Assimilate (Stärke) auf
und speichert sie. Manche
Arten bilden Wurzelknollen als
Speicherorgane.

Z

Zwiebel
Stark gestauchter Sproß
(Rosettensproß) mit verdickten
Blättern zur Speicherung von
Reservestoffen (→ Assimilate).
Wie bei jedem Sproß ist eine
Verzweigung möglich, die zur
Entwicklung von Tochterzwie-
beln führt. Zur → vegetativen
Vermehrung können diese ab-
getrennt werden.

Steckbriefe der schönsten Aquarienpflanzen

Wo unsere Aquarienpflanzen herkommen

Aquarienpflanzen kommen heute nur noch selten aus der freien Natur ihrer Heimatländer. Die meisten Arten zieht man in riesigen Mengen in großen Zuchtbetrieben heran, hauptsächlich in Südostasien. Von hier werden sie nach Europa und Amerika exportiert. In diesem Buch sind nur Pflanzenarten beschrieben, die regelmäßig im Handel sind. Sie treiben also keinen Raubbau an der Natur, wenn sie solche Importpflanzen in ihr Aquarium setzen .

Unsere Aquarienpflanzen kommen in der Natur in sehr unterschiedlichen Lebensräumen vor. Viele Cryptocorynen-Arten zum Beispiel wachsen in kleinen flachen Urwaldbächen, Riesenvallisnerien bilden Unterwasserwiesen im Flachwasser größerer Seen, viele Schwertpflanzen leben an Flußufern oder in Sumpfgebieten. Auf Grund der hohen Anpassungsfähigkeit der meisten Pflanzenarten lassen sich all diese Gewächse in demselben Aquarium vergesellschaften, wenn man mit den richtigen technischen Geräten, kräftiger Düngung und CO_2-Zufuhr nachhilft. Die Pflege von »Holländischen Aquarien« wäre sonst gar nicht möglich. Aber auch ohne ausgefeilte Technik lassen sich ansprechende Aquarien gestalten, wenn man nur Arten vergesellschaftet, die in der Natur unter gleichen oder ähnlichen Bedingungen existieren. Ein Aquarium für Lebendgebärende Zahnkarpfen zum Beispiel könnte man mit Schwertpflanzen, Sagittarien, Ludwigien und Lobelien einrichten, die etwa mittelhartes Wasser und nicht zu hohe Temperaturen bevorzugen. Ein Becken für ostasiatische Barben ließe sich mit Cryptocorynen, Wasser- und Sumpffreundarten besetzen.

Erläuterungen der Pflegeanleitungen

Der Steckbriefteil ist in vier Pflanzengruppen aufgeteilt:
- Rosettenpflanzen,
- Stengelpflanzen,
- Farne,
- Moos.

Name: Es ist der wissenschaftliche Name genannt und gegebenenfalls ein oder mehrere gängige deutsche Namen. Innerhalb der Pflanzengruppen wurde eine alphabetische Reihenfolge nach ihrer wissenschaftlichen Bezeichnung vorgenommen.

Verbreitung: Herkunft der jeweiligen Pflanzenart.

Aussehen: Kurzbeschreibung der vorgestellten Art.

Varietäten: Unterschielidche Gruppen innerhalb einer Art.

Pflege: Hinweise zur Pflege.

Licht: Die optimale Beleuchtungsstärke für die Pflanze.

Wasser: Angegeben sind Erfahrungswerte, die eine gute Pflege gewährleisten.

Vermehrung: Hinweise zur Vermehrungsweise der einzelnen Arten.

Standort: Plazierungsmöglichkeiten im Aquarium.

Der Herzblättrige Wasserwegerich (Echinodorus cordifolius) gehört zu den Froschlöffelgewächsen und wird über 50 cm hoch.

Der Blütenstiellose Sumpffreund wird in Gruppen eingepflanzt.

Der Blütenstiellose Sumpffreund (*Limnophila aquatica*) gehört zu den Stengelpflanzen. Sobald Stengelpflanzen die Wasseroberfläche erreichen, kann man sie einkürzen oder an der Oberfläche flutend weiterwachsen lassen. Flutende Pflanzen müssen zurückgeschnitten werden, wenn sie den Bodenpflanzen zuviel Licht wegnehmen.

Aponogeton madagascariensis, die Gitterpflanze, der Wunschtraum vieler Aquarianer.

Die Dekorativen im Aquarium

Rosettenpflanzen

Die botanische Erklärung »Pflanzen mit gestauchter Sproßachse« läßt nicht ahnen, welche Schönheiten unter den Rosettenpflanzen zu finden sind. Viele von ihnen eignen sich als Solitärpflanzen, die im Aquarium einen dekorativen Blickfang bilden.

Zum Foto: Nur sehr erfahrenen Pflanzenliebhabern gelingt es, die sehr hohen Ansprüche der Gitterpflanze auf Dauer zu erfüllen. Kalkarmes, leicht saures Wasser (pH 5,5 – 6,5, 2–3 °dKH), nicht zu hohe Temperatur (20 – 22 °C), reichlich Nahrung und Torffilterung sowie Schutz vor Veralgung gehören zu den wichtigsten Haltungsbedingungen.

Rosettenpflanzen

1 Anubias barteri hat feste ledrige Blätter.

2 Aponogeton crispus besitzt eine Knolle.

1 Anubias barteri
Barters Speerblatt

Familie: *Araceae*
(Aronstabgewächse).
Verbreitung: Tropisches Westafrika.
Aussehen: Rosettenpflanze; bis
40 cm hoch. Dickes, kriechend
wachsendes Rhizom. Blätter
gestielt, fest, ledrig.
Varietäten: *Anubias barteri var.
barteri* – etwa 25 cm hoch, Blätter
oval-lanzettlich; *Anubias barteri
var. glabra* – etwa 40 cm hoch,
Blätter lanzettlich; *Anubias barteri
var. nana* – etwa 10 cm hoch,
Blätter variabel, meist spitz-
eiförmig.
Pflege: Beim Einpflanzen Rhizom
und Wurzeln schonen! Bodendüngung nötig, durchwärmter Boden

und CO_2-Düngung zu empfehlen.
Licht: 30 W/100 l.
Wasser: 22–28 °C; 2–15 °dKH;
pH 6,0–7,5.
Vermehrung: Seitensprosse am
Rhizom, Rhizomteilung.
Standort: Höher wachsende
Varietäten solitär oder in Gruppen
im Mittel- und Hintergrund, die
kleinen gruppenweise im Vorder-
grund.

2 Aponogeton crispus
Krause Wasserähre

Familie: *Aponogetonaceae*
(Wasserährengewächse).
Verbreitung: Sri Lanka.
Aussehen: Rosettenpflanze; bis
50 cm hoch. Knolle als Nährstoff-
speicher. Blätter gestielt, lanzettlich

bis länglich-elliptisch; Blattrand
intensiv gewellt. Blüte weißlich,
einährig, zwittrig, selbstfertil; treibt
Blütenstiel über den Wasserspiegel.
Je nach Umweltbedingungen un-
terschiedliches Aussehen. Wird mit
den Kreuzungen und ähnlichen
Arten manchmal als »Crispus-
Gruppe« zusammengefaßt.
Pflege: Nur submerse Kultur
möglich. Nährstoffreicher Boden
und Eisendüngung! Ruhezeit
beachten!
Licht: 50 W/100 l (und mehr).
Wasser: 22–30 °C; 2–15 °dKH;
pH 6,0–7,5.
Vermehrung: Samen, künstliche
Bestäubung nötig.
Standort: Solitär im Mittelgrund,
in großen Aquarien auch gruppen-
weise.

Rosettenpflanzen

1 *Aponogeton rigidifolius hat ein Rhizom.*

2 *Aponogeton ulvaceus verträgt bewegtes Wasser gut.*

1 *Aponogeton rigidifolius*
Steifblättrige Wasserähre

Familie: *Aponogetonaceae*
(Wasserährengewächse).
Verbreitung: Sri Lanka.
Aussehen: Rosettenpflanze; über
60 cm hoch. Rhizom (keine Knolle!). Blätter gestielt, steif aufrecht,
etwas brüchig, rauh und hart,
dunkelgrün bis olivbraun, am Rand
leicht gewellt. Blüte einährig,
grünlich, selbststeril.
Pflege: Keine Ruhezeit, da im
Gegensatz zu *Aponogeton crispus*
keine Knolle als Nährstoffspeicher.
Sehr empfindlich, wichtig sind
sauberes Wasser und ungedüngter
Boden; Düngung mit eisenhaltigem
Flüssigdünger. Bei CO_2-Düngung
verträgt die Pflanze auch etwas

härteres Wasser. Verträgt Umpflanzen immer schlecht. Bei Haltungsfehlern werden Blätter fleckig und
krümmen sich nach unten.
Licht: 50 W/100 l.
Wasser: 22–28 °C; 1–3 °dKH;
pH 5,5–6,5.
Vermehrung: Seitensprosse am
Rhizom. Sämlingsaufzucht extrem
schwierig.
Standort: Solitär, am besten in
großen Aquarien.

2 *Aponogeton ulvaceus*
Ulvablättrige Wasserähre
Salat-Wasserähre

Familie: *Aponogetonaceae*
(Wasserährengewächse).
Verbreitung: Madagaskar.
Aussehen: Rosettenpflanze; bis

60 cm hoch. Runde, glatte Knolle
(→ Foto, Seite 29). Blätter gestielt,
stark gewellt und oft in sich gedreht, hellgrün, fast durchscheinend, bei sehr hellem Stand rötlich.
Blüte zweiährig, gelb, selbststeril.
Pflege: Bodendünger nicht unbedingt nötig, eisenhaltiger
Flüssigdünger aber angebracht.
Gedeiht gut in bewegtem Wasser.
Wächst bei zu schwachem Licht
sehr hoch und dünn. Ruhezeit
beachten!
Licht: 50 W/100 l.
Wasser: 18–28 °C; 2–15 °dKH;
pH 5,5–7,5.
Vermehrung: Samen.
Standort: Solitär, am besten in
großen Aquarien.

Rosettenpflanzen

3 Aponogeton undulatus läßt sich gut durch Adventivpflanzen, die sich am Blütenstengel bilden, vermehren.

4 Barclaya longifolia blüht im Aquarium häufig.

3 Aponogeton undulatus
Gewelltblättrige Wasserähre

Familie: *Aponogetonaceae* (Wasserährengewächse).
Verbreitung: Indien und nördliches Hinterindien.
Aussehen: Rosettenpflanze; etwa 40 cm hoch. Mit Knolle (→ Foto, Seite 29). Blätter gestielt, hellgrün; Blattränder gewellt, besonders stark bei hellem Stand, bei schwachem Licht Blätter fast glatt. Blütenbildung selten, Adventivpflanze am Blütenstengel häufig.
Pflege: Eisendüngung und etwas nährstoffreicherer Boden empfehlenswert. Ruhezeiten beachten!
Licht: 50 W/100 l.
Wasser: 22–28 °C; 5–12 °dKH; pH 6,5–7,5.

Vermehrung: Adventivpflanzen. Sobald die Adventivpflanze eine kleine Knolle, Wurzeln und etwa 5–6 Blätter hat, kann man sie abnehmen und einpflanzen oder den Blütenstengel nach unten biegen und festklemmen.
Standort: Solitär, in sehr großen Becken auch gruppenweise.

4 Barclaya longifolia
Langblättrige Barclaya

Familie: *Nymphaeaceae* (Wasserrosengewächse).
Verbreitung: Burma, Andamanen, Südthailand, Vietnam.
Aussehen: Rosettenpflanze; 25–50 cm hoch. Kleines Rhizom. Blätter gestielt, lanzettlich; Blattränder gewellt, bei starkem Licht inten-

siver. Blüht im Aquarium häufig. Submerse Blüten bleiben geschlossen, bringen aber wie die emersen keimfähige Samen hervor. Im Handel olivgrüne und rotbraune bis tiefrote Form erhältlich.
Pflege: Eisendüngung unbedingt notwendig, Bodengrund- und CO_2-Düngung zu empfehlen. Verträgt Umpflanzen schlecht, danach einige Wochen lang Rhizom auf Faulstellen kontrollieren! Diese entfernen. Rote Pflanzen sind lichtbedürftiger als olivgrüne. Bei CO_2-Überschuß Löcher in den Blättern.
Licht: Etwa 50 W/100 l.
Wasser: 22–28 °C; 2–12 °dKH; pH 6,0–7,0.
Vermehrung: Samen oder Seitentriebe am Rhizom.
Standort: Solitär.

Rosettenpflanzen

1 *Crinum natans benötigt sehr helles Licht.*

2 *Cryptocoryne affinis gruppenweise pflanzen.*

1 Crinum natans
Flutende Hakenlilie

Familie: *Amaryllidaceae*
(Narzissengewächse).
Verbreitung: Afrika.
Aussehen: Rosettenpflanze;
50–100 cm hoch. Zwiebel als
Nährstoffspeicher (→ Foto,
Seite 29). Blätter ungestielt, band-
förmig, leuchtend grün und
genoppt; bei guter Beleuchtung
stärker genoppt als im Schatten.
Blüte weiß, im Aquarium selten;
Blütenstand etwa 80 cm hoch.
Pflege: Helles Licht! Nährstoffrei-
cher Boden; in hartem Wasser
Kümmerwuchs. Verträgt kein
Trypaflavin (in manchen Fisch-
medikamenten und Algenbekämp-
fungsmitteln enthalten).

Licht: 50 W/100 l (besser mehr).
Wasser: 24–30 °C; 2–10 °dKH;
pH 5,5–7,0.
Vermehrung: Tochterzwiebeln.
Standort: Solitär; Hintergrund in
großen, hohen Aquarien.

2 Cryptocoryne affinis
Haertel's Wasserkelch

Familie: *Araceae*
(Aronstabgewächse).
Verbreitung: Malaiische Halbinsel.
Aussehen: Rosettenpflanze;
10–30 cm hoch. Kleines Rhizom.
Blätter gestielt; submerse Blätter
länglich-eiförmig bis breit-lanzett-
lich, etwas genoppt und gewellt;
Blattoberseite dunkelgrün, Blatt-
unterseite weinrot. Bei emerser
Haltung kürzere und glattere

Blätter, dann oft Blüten, Fahne
violettschwarz, Schlund weißlich-
grün. Blüht manchmal auch im
Aquarium.
Pflege: Anspruchslos, verträgt
gedämpftes Licht und härteres
Wasser. Durch regelmäßige
Düngung (Eisen) entstehen große
Pflanzengruppen. Anfällig für
Cryptocorynenkrankheit nach
Veränderungen aller Art, z.B. von
Temperatur, Wasser- oder Licht-
werten. Darauf folgt nicht selten
der völlige Zerfall der Blätter.
Licht: 30 W/100 l.
Wasser: 22–28 °C; 3–15 °dKH;
pH 6,0–7,0.
Vermehrung: Ausläufer.
Standort: Gruppenweise, je nach
Aquariengröße im Vorder- oder
Mittelgrund.

Rosettenpflanzen

3 Cryptocoryne cordata ist sehr anspruchsvoll.

4 Cryptocoryne pontederiifolia bildet Ausläufer.

3 Cryptocoryne cordata
Herzblättriger Wasserkelch
Blass'scher Wasserkelch

Familie: *Araceae*
(Aronstabgewächse).
Verbreitung: Malaiische Halbinsel.
Aussehen: Rosettenpflanze; bis
50 cm hoch. Ein Hauptvertreter der
Cryptocoryne-cordata-Gruppe. Je
nach Umweltbedingungen unter-
schiedliches Aussehen. Unter vielen
verschiedenen Namen beschrieben
(z. B. *Cryptocoryne blassii, Cryptocoryne kerrii).* Blätter langgestielt,
oval bis herzförmig, Oberseite grün,
violett marmoriert, violett oder rötlichbraun, Unterseite cremefarben,
rotbraun bis violett. Blühen bei
emerser Haltung, Blütenfahne gelb
bis rotbraun, Schlund gelb.

Pflege: Anspruchsvoll. Nährstoffreicher, durchwärmter Bodengrund,
regelmäßige Eisendüngung. Wurzeln nicht verletzen!
Licht: 50 W/100 l.
Wasser: 24–28 °C; 2–8 °dKH;
pH 5,5–7,0.
Vermehrung: Ausläufer.
Standort: Solitär oder in Gruppen.

4 Cryptocoryne ponte-
deriifolia
Pontederiablättriger
Wasserkelch

Familie: *Araceae*
(Aronstabgewächse).
Verbreitung: Sumatra, Borneo.
Aussehen: Rosettenpflanze; etwa
35 cm hoch. Dünnes Rhizom. Blätter gestielt, oval-lanzettlich, leicht
genoppt, grün, Unterseite schwach
rosa gefärbt. Stiele lang, bräunlich.
Wächst bei emerser Haltung
gedrungener und kräftiger, blüht
dann regelmäßig.
Pflege: Nährstoffreicher Bodengrund, Eisendünger. Möglichst
selten umpflanzen, sonst Kümmerwuchs. Wurzeln empfindlich!
Licht: Etwa 50 W/100 l.
Wasser: 22–28 °C; 2–12 °dKH;
pH 6,0–7,2.
Vermehrung: Ausläufer.
Standort: Bei heller Beleuchtung
solitär, wächst dann kompakt und
ausgebreitet. Im Schatten (zum
Beispiel im Beckenhintergrund)
höher und schmaler wachsend,
deshalb dort in Gruppen setzen.
Tip: Stabile Pflanze, auch für
robuste Fische geeignet.

Rosettenpflanzen

2 Cryptocoryne x willisii ist eine dekorative Pflanze für den Vordergrund, die dichte hellgrüne Rasen bildet. Bei guten Haltungsbedingungen ist sie schnellwüchsig, bildet reichlich Ausläufer und muß dann von Zeit zu Zeit ausgelichtet werden.

1 Cryptocoryne wendtii bildet regelmäßig Ausläufer.

1 Cryptocoryne wendtii
Wendt's Wasserkelch

Familie: Araceae (Aronstabgewächse).
Verbreitung: Sri Lanka.
Aussehen: Rosettenpflanze; 10 – 40 cm hoch. Viele Varietäten und Handelsformen mit grünen, olivgrünen oder rotbraunen Blättern, die sich in Größe, Gestalt und Farbe unterscheiden. Aussehen auch stark lichtabhängig, bei zu schwachem Licht vergrünen rotbraune Pflanzen, sie wachsen höher und dünner, gewellte Blattränder werden glatt. Bei emerser Haltung Blüten.
Pflege: Gedüngter Boden, Eisendünger. Bestände regelmäßig auslichten. Bei raschen Veränderungen der Haltungsbedingungen anfällig für Cryptocorynenfäule.
Licht: 50 W/100 l.
Wasser: 24–28 °C; 2–15 °dKH; pH 6,5–7,5.
Vermehrung: Ausläufer.
Standort: Solitär, gruppenweise (in dichten Gruppen wachsen alle Varietäten höher und schmaler); kleine Varietäten im Vordergrund, die größeren im Mittelgrund.

2 Cryptocoryne x willisii
Kleiner Wasserkelch

Familie: Araceae (Aronstabgewächse).
Verbreitung: Sri Lanka.
Aussehen: Rosettenpflanze; bis 15 cm hoch. Blätter gestielt, länglich-oval bis lanzettlich, grün; Stiele bräunlich bis grün. Bildet reichlich Ausläufer. Wächst in emerser Kultur kompakter, treibt dann auch Blüten, Fahne violett, Schlund gelblich bis violett.
Pflege: Gedüngter Bodengrund, häufiger Wasserwechsel mit regelmäßiger Nachdüngung. Bestände ab und zu auslichten und vor Veralgung schützen.
Licht: 50 W/100 l.
Wasser: 22–30 °C; 2–15 °dKH; pH 6,5–7,5.
Vermehrung: Ausläufer.
Standort: Vordergrund, in Gruppen setzen. Je heller das Licht, desto flacher und breiter werden die Pflanzen (Bodendecker), bilden dichte dekorative Rasen.

Rosettenpflanzen

3 Echinodorus amazonicus wird etwa 50 cm hoch.

4 Echinodorus bleheri braucht Eisendüngung.

3 Echinodorus amazonicus
Amazonas-Schwertpflanze

<u>Familie:</u> *Alismataceae* (Froschlöffelgewächse).
<u>Verbreitung:</u> Brasilien.
<u>Aussehen:</u> Rosettenpflanze; bis etwa 50 cm hoch. Kurzes Rhizom. Blätter schmal-lanzettlich, oft leicht säbelförmig gebogen, grün; Stengel ziemlich kurz.
<u>Pflege:</u> Verträgt weiches Wasser besser als hartes, wächst bei hoher Karbonathärte trotz guter Düngung kümmerlich, dann CO_2-Zusatz nötig. Lockerer Bodengrund und Eisendüngung sind für das Gedeihen dieser Pflanze wichtig!
<u>Licht:</u> 50 W/100 l.
<u>Wasser:</u> 22–28 °C; 2–12 °dKH; pH 6,5–7,2.

<u>Vermehrung:</u> Adventivpflanzen am submersen Blütenstengel.
<u>Standort:</u> Solitär, in großen Aquarien auch in Gruppen im Hintergrund.

4 Echinodorus bleheri
Breite Amazonas-Schwertpflanze

<u>Familie:</u> *Alismataceae* (Froschlöffelgewächse).
<u>Verbreitung:</u> Tropisches Südamerika.
<u>Aussehen:</u> Rosettenpflanze; über 50 cm hoch. Blätter gestielt, lanzettlich, grün. Die Pflanze ähnelt *Echinodorus amazonicus* (→ links), hat aber breitere Blätter, ähnelt auch *Echinodorus maior* (Riesenschwertpflanze).

<u>Pflege:</u> Verträgt auch höhere Karbonathärte, braucht aber unbedingt regelmäßige Eisendüngung, sonst werden die Herzblätter gelb und glasig.
<u>Licht:</u> 50 W/100 l (verträgt auch weniger).
<u>Wasser:</u> 22–30 °C; 2–18 °dKH; pH 6,5–7,5.
<u>Vermehrung.</u> Adventivpflanzen, die sich am Blütenstengel bilden.
<u>Standort:</u> Solitär, in großen Becken als Gruppenpflanze im Hintergrund.

Rosettenpflanzen

1 *Echinodorus cordifolius eignet sich nur für große Becken. Wird die Pflanze in Becken ohne Deckscheibe gehalten, blüht sie auch.*

2 *Echinodorus horemanni ist sehr dekorativ.*

1 *Echinodorus cordifolius*
Herzblättriger Wasserwegerich

Familie: *Alismataceae* (Froschlöffelgewächse).
Verbreitung: Mittleres und südliches Nordamerika, Mexiko.
Aussehen: Rosettenpflanze; über 50 cm hoch. Blätter gestielt, herzförmig, leuchtend grün. Schwimmblätter langgestielt. Blüht (weiß) im offenen Aquarium.
Pflege: Schwimmblätter entfernen, sonst wirft die Pflanze die submersen Blätter ab. Die Schwimmblätter nehmen zudem den anderen Pflanzen zuviel Licht weg. Kräftige Düngung bewirkt üppiges Wachstum. In kleinen Zimmeraquarien in kleine Töpfe pflanzen oder ab und zu die Wurzeln ringsherum abstechen. Auch Rückschnitt ist möglich.
Licht: 50 W/100 l.
Wasser: 22–28 °C; 5–15 °dKH; pH 6,5–7,5.
Vermehrung: Adventivpflanzen am Blütenstengel; manchmal auch Samen.
Standort: Solitär in Aquarien von 250 l aufwärts; am besten in offenen Großaquarien zu halten.

2 *Echinodorus horemanni*
Horemann's Schwertpflanze

Familie: *Alismataceae* (Froschlöffelgewächse).
Verbreitung. Südbrasilien.
Aussehen: Rosettenpflanze; über 60 cm hoch. Blätter kurzgestielt, lanzettlich, steif, pergamentartig, dunkelgrün, am Rand leicht gewellt. Eine rotblättrige Variante dieser dekorativen Pflanze ist hin und wieder im Handel.
Pflege: Verträgt kühles Wasser besser als warmes. Viel Licht, nährstoffreicher Bodengrund und regelmäßiges Nachdüngen (Eisen) erforderlich; CO_2-Düngung empfehlenswert.
Licht: 50 W/100 l.
Wasser: 18–26 °C; 2–15 °dKH; pH 6,5–7,5.
Vermehrung: Seitensprosse am Rhizom, Adventivpflanzen am submersen Blütentrieb.
Standort: Solitär.

Rosettenpflanzen

3 Echinodorus osiris treibt im Aquarium am Blütenstengel Adventivpflanzen. Junge Blätter und Jungpflanzen sind rötlich gefärbt.

4 Von Nymphaea lotus gibt es viele Varietäten.

3 Echinodorus osiris
Osiris-Schwertpflanze
Rötliche Amazonas-Schwertpflanze

Familie: *Alismataceae*
(Froschlöffelgewächse).
Verbreitung: Südbrasilien.
Aussehen: Rosettenpflanze; etwa
50 cm hoch. Blätter gestielt,
lanzettlich, am Rand leicht gewellt,
grün; junge Blätter (und daher auch
Jungpflanzen) rötlich. Treibt im
Aquarium keine Blüten, sondern
nur Adventivpflanzen am Blüten-
stengel.
Pflege: Verträgt hartes Wasser;
wächst auch bei schwachem Licht.
Bei starker Beleuchtung ist nähr-
stoffreicher Boden und regelmäßi-
ges Nachdüngen (Eisen!) unbedingt
nötig, sonst kümmert die Pflanze;
das Wasser sollte dann nicht kälter
als 24 °C sein.
Licht: Etwa 50 W/100 l.
Wasser: 18–28 °C; 5–18 °dKH;
pH 6,5–7,5.
Vermehrung: Seitensprosse am
Rhizom, Adventivpflanzen am
Blütenstengel.
Standort: Solitär.

4 Nymphaea lotus
Tigerlotus

Familie: *Nymphaeaceae*
(Wasserrosengewächse).
Verbreitung: Ostafrika, Madagas-
kar, Südostasien.
Aussehen: Rosettenpflanze;
25–50 cm hoch. Submerse Blätter
gestielt, rundlich bis oval, leicht
gewellt mit tief eingeschnittener
Basis. Schwimmblätter sehr lang
gestielt, mehr oder weniger herzförmig mit grob gesägtem Rand.
Blüte gelbweiß, duftend, bis 10 cm
Durchmesser; Nachtblüher, selbstfertil.
Varietäten: *Nymphaea lotus var.
viridis* – Blätter grün, dunkelrot
gefleckt; *Nymphaea lotus var. rubra*
– Blätter rot mit dunkelroten
Flecken. Viele Schattierungen.
Pflege: Soll die Pflanze blühen, muß
sie 3–5 Schwimmblätter behalten,
sonst abkneifen. Bei guter Beleuchtung kompakter Wuchs.
Licht: 50 W/100 l.
Wasser: 22–28 °C; 2–12 °dKH;
pH 5,5–7,5.
Vermehrung: Sämlinge, Rhizom-
ausläufer.
Standort: Solitär in großen Aquarien.

Rosettenpflanzen

1 Nymphoides aquatica ist schwer zu pflegen.

2 Sagittaria subulata ist eine ideale Anfängerpflanze.

1 Nymphoides aquatica
Unterwasserbanane

Familie: *Menyanthaceae/ Gentianaceae* (Fieberkleegewächse/Enziangewächse).
Verbreitung: Östliche und südöstliche USA (Florida).
Aussehen: Rosettenpflanze; etwa 15 cm hoch. Submerse Blätter langgestielt, herzförmig, leicht gewellt, hellgrün bis rötlich. Bananenförmige Wurzeln als Nährstoffspeicher, Schwimmblätter derber, olivgrün, Unterseite rötlich. Nach Schwimmblättern Blütenbildung, Blüte weiß. Nach Blüte Adventivpflanzen, aber ohne »Bananen«.
Pflege: Bananenwurzeln nur bis zu $1/4$ in den Boden einpflanzen oder auch nur andrücken.

Licht: 50 W/100 l (oder mehr).
Wasser: 20–28 °C; 5–10 °dKH; pH 6,5–7,2.
Vermehrung: Adventivpflanzen oder voll ausgebildete Blätter auf feuchtem Boden fest andrücken, bei hoher Luftfeuchtigkeit bewurzeln sie sich.
Standort: Solitär im Vordergrund.

2 Sagittaria subulata
Flutendes Pfeilkraut

Familie: *Alismataceae* (Froschlöffelgewächse).
Verbreitung: Amerikanische Ostküste, in Südamerika stellenweise eingebürgert.
Aussehen: Rosettenpflanze; bis 60 cm hoch. Submerse Blätter ungestielt, bandförmig, stumpf.

Blütenstände weiß, auf dünnen Stengeln flutend, ragen über den Wasserspiegel. Raschwüchsig, bildet dichte Bestände.
Varietäten: Blattbreite unterschiedlich. *Sagittaria subulata var. subulata* – bis 30 cm hoch; *Sagittaria subulata var. gracillima* – 60 bis 90 cm hoch; *Sagittaria subulata var. kurtziana* – bis 50 cm hoch. Abgrenzung nicht einheitlich. Die größeren werden auch als »*forma natans*«, die kleinen als »*forma pusilla*« bezeichnet.
Pflege: Völlig anspruchslos; ab und zu verjüngen.
Licht: 50 W/100 l (oder weniger).
Wasser: 20–28 °C; 2–15 °dKH; pH 6,0–7,8.
Vermehrung: Ausläufer.
Standort: Hintergrund.

Rosettenpflanzen

3 Samolus parviflorus gruppenweise im Vordergrund pflanzen.

4 Vallisneria spiralis.

3 Samolus parviflorus
Amerikanische Bachbunge

Familie: *Primulaceae*
(Primelgewächse).
Verbreitung: Nord- und Süd-
amerika, westindische Inseln.
Aussehen: Rosettenpflanze; 10 cm
hoch. Blätter bis zu 8 cm lang, kurz-
gestielt, spatelförmig und hellgrün,
Blattadern fast weiß. Ähnelt Feldsa-
lat (Rapunzel). Eigentlich eine
Sumpfpflanze, blüht (weiß) und
fruchtet bei emerser Haltung.
Pflege: Gut düngen; braucht viel
Licht. Nicht zu tief pflanzen!
Licht: 75 W/100 l.
Wasser: 18–24 °C; 5–12 °dKH;
pH 6,5–7,5.
Vermehrung: Nur emers. Samen,
die rasch keimen. Bei optimalen
Verhältnissen Bildung von Seiten-
sprossen.
Standort: Vordergrund, in Gruppen
setzen.

4 Vallisneria spiralis
Vallisnerie
Gewöhnliche Wasserschraube

Familie: *Hydrocharitaceae*
(Froschbißgewächse).
Verbreitung: Ursprünglich
Nordafrika und Südeuropa, heute in
den Tropen und Subtropen der
ganzen Welt eingebürgert.
Aussehen: Rosettenpflanze; über
50 cm hoch. Blätter ungestielt,
bandförmig, stumpf. Blüte weißlich
an der Wasseroberfläche auf
schraubig gedrehtem Stengel.
Pflege: Anspruchslos. Eine der
ältesten Aquarienpflanzen. Bildet
reichlich Ausläufer, daher schnell
dichte Bestände. In schmale, tiefe
Pflanzlöcher setzen.
Licht: 50 W/100 l.
Wasser: 15–30 °C; 5–12 °dKH;
pH 6,5–7,5.
Vermehrung: Ausläufer.
Standort: Hintergrund und Seiten
von größeren Aquarien bzw. in
Gruppen im mittleren Bereich oder
in den vorderen Ecken.
Hinweis: Die Riesenvallisnerie (*Vallisneria gigantea*) ist ebenfalls eine
bewährte, robuste Aquarienpflanze.
Wegen ihrer sehr langen Blätter
(über 100 cm im Aquarium) ist sie
jedoch nur für hohe Becken geeignet. Die Blätter beschatten andere
Pflanzen, da sie sich an der Wasseroberfläche umlegen.

1 *Alternanthera reineckii paßt gut zu feinfiedrigen hellgrünen Pflanzen.*

Schön in Gruppen

Stengelpflanzen

Stengelpflanzen bilden den »grünen Rahmen« im Unterwassergarten. Überwiegend werden sie an den Seiten, im Mittel- und Hintergrund gepflanzt. Sie lassen sich leicht vermehren.

1 *Alternanthera reineckii*
Rotes Papageienblatt

<u>Familie:</u> *Amaranthaceae* (Fuchsschwanzgewächse).
<u>Verbreitung:</u> Tropisches Amerika.
<u>Aussehen:</u> Stengelpflanze; etwa 50 cm hoch. Blätter gestielt, kreuzgegenständig, lanzettlich, oberseits olivgrün bis olivbraun oder rot, unterseits rotviolett. Bei emerser Kultur kleine, weiße Blütenstände in den Blattachseln. Variable Art, mehrere Formen im Handel; am besten fürs Aquarium geeignet ist *Alternanthera reineckii* »Typ schmalblättrig«.
<u>Pflege:</u> Eisendüngung notwendig, nährstoffreicher Boden und CO_2-Düngung empfehlenswert. Bei Licht- und Nahrungsmangel verblaßt die Rotfärbung der Blätter und ihre Ränder werden glatt.
<u>Licht:</u> 75 W/100 l.
<u>Wasser:</u> 22–30 °C; 2–12 °dKH; pH 5,5–7,5.
<u>Vermehrung:</u> Stecklinge, bei emerser Kultur Samen. Beim Stecken unterschiedlich hoher Bestände wegen der Zerbrechlichkeit der Stiele behutsam vorgehen, nicht zu dicht pflanzen.
<u>Standort:</u> In Gruppen im Vorder- oder Mittelgrund. Paßt gut zu feinfiedrigen, hellgrünen Pflanzen.
<u>Hinweis:</u> In Gruppen gepflanzt bringt das Papageienblatt dekorative Farbtupfer in die überwiegend grüne Aquarienbepflanzung. Ihre Schönheit verliert sie jedoch rasch, wenn man ihre Ansprüche vernachlässigt. Darauf achten, daß Schwimmpflanzen ihr das Licht nicht wegnehmen oder sich Algen auf der Pflanze ansiedeln.

Stengelpflanzen

2 *Ammannia gracilis kümmert bei Lichtmangel.*   3 *Bacopa caroliniana regelmäßig düngen.*

2 *Ammannia gracilis*
Zierliche Kognakpflanze

<u>Familie:</u> *Lythraceae*
(Weiderichgewächse).
<u>Verbreitung:</u> Tropisches Afrika.
<u>Aussehen:</u> Stengelpflanze; etwa
50 cm hoch. Blätter sitzend, kreuzgegenständig, schmal-lanzettlich,
olivgrün bis rötlichbraun. Blüten
klein, gruppenweise in Blattachseln
(→ Foto, Seite 96).
<u>Pflege:</u> Bei Licht- und Nahrungs-
mangel Verblassen und Kümmerwuchs, Eisendüngung notwendig
zur Erhaltung der Blattfärbung. Falls
Stengel unten verkahlen, niedrige
Pflanzen davorsetzen.
<u>Licht:</u> 75 W/100 l.
<u>Wasser:</u> 20–28 °C; 2–12 °dKH;
pH 5,5–7,5.

<u>Vermehrung:</u> Stecklinge, bei
emerser Haltung Samen, Sämlingsaufzucht nicht schwierig.
<u>Standort:</u> In Gruppen im Mittel-und
Hintergrund oder an den Seiten.
Paßt gut zu grünen Pflanzen.

3 *Bacopa caroliniana*
Großes Fettblatt

<u>Familie:</u> *Scrophulariaceae*
(Rachenblütler).
<u>Verbreitung:</u> Südliche und mittlere
USA.
<u>Aussehen:</u> Stengelpflanze; etwa
40 cm hoch. Blätter sitzend, kreuzgegenständig, elliptisch, hellgrün,
bei sehr starkem Licht leicht rötlich
überhaucht. Emerse Blätter
fleischig, fettig glänzend.

<u>Ähnliche Arten:</u> *Bacopa monnieri*
(Kleines Fettblatt) – bis 25 cm hoch,
ähnliche Ansprüche; *Bacopa rotundifolia* (Rundes Fettblatt) – braucht
weiches Wasser, verträgt submerse
Haltung nicht ganz so gut wie die
anderen Arten.
<u>Pflege:</u> Bei Licht- und Nahrungs-
mangel kümmerlich, dünn, lang
und blaß. Regelmäßige Düngung
notwendig, bei CO_2-Düngung darf
das Wasser auch härter sein.
<u>Licht:</u> 50 W/100 l.
<u>Wasser:</u> 22–28 °C; 5–15 °dKH;
pH 6,0–7,5.
<u>Vermehrung:</u> Stecklinge.
<u>Standort:</u> Gruppenweise im Mittel-
und Hintergrund oder an den
Seiten.

Stengelpflanzen

1 Cabomba aquatica ist schwierig zu halten.

2 Cabomba caroliniana verträgt CO_2-Mangel nicht.

1 Cabomba aquatica
Wasser-Haarnixe

Familie: *Nymphaeaceae*
(Wasserrosengewächse).
Verbreitung: Nördliches Südamerika bis südliches Nordamerika.
Aussehen: Stengelpflanze; etwa
50 cm hoch. Blätter gestielt, kreuzgegenständig, sehr fein gefiedert
mit bis zu 600 Einzelsegmenten
(im Aquarium oft nur etwa 200).
Schwimmblätter und Blüten
(→ Foto, Seite 96) möglich.
Pflege: Schwierig zu halten; wichtig
sind: sehr sauberes Wasser, saube-
rer Boden, sehr viel Licht, Eisendüngung. Verträgt kein hartes oder alkalisches Wasser. Vor Mulm und
Veralgung schützen.
Licht: 100 W/100 l.

Wasser: 24–28 °C; 2–8 °dKH;
pH 6,0–6,8.
Vermehrung: Stecklinge.
Standort: Mittel- und Hintergrund
von hohen Aquarien; in Gruppen
setzen. Paßt gut zu dunklen und
großblättrigen Pflanzen.
Tip: Möglichst nicht in Aquarien mit
grabenden oder pflanzenfressenden
Fischen.

2 Cabomba caroliniana
Carolina-Haarnixe

Familie: *Nymphaeaceae*
(Wasserrosengewächse).
Verbreitung: Nördliches Südamerika bis südliches Nordamerika.
Aussehen: Stengelpflanze; 50 cm
hoch. Blätter kreuzgegenständig,
selten dreizählige Quirle; Blatt-

spreiten feingefiedert, Blattsegmente etwa 1 mm breit, mit
Mittelnerv. In verschiedenen
Formen im Handel: Am häufigsten
sind Pflanzen, deren Blätter im
Gesamtumriß etwa nierenförmig
sind, mit bis zu 60 Blattsegmenten.
Eine andere Form mit bis zu 150
Blattzipfeln und im Gesamtumriß
runden Blättern wird oft fälsch-
licherweise als *Cabomba aquatica*
bezeichnet
Pflege: Verträgt Umpflanzen, dau-
erndes Einkürzen und CO_2-Mangel
nicht. Braucht sauberes Wasser und
intensives Licht.
Licht: 75 W/100 l.
Wasser: 22–28 °C; 2–12 °dKH;
pH 6,5–7,2.
Vermehrung: Stecklinge.
Standort: Hintergrund; in Gruppen.

Stengelpflanzen

3 Die bildschöne, rotviolette Blüte der Rötlichen Haarnixe blüht nur kurz. Leider ist die Pflanze im Aquarium nur sehr schwer zum Blühen zu bringen.

3 Cabomba piauhyensis ist keine Anfängerpflanze.

3 Cabomba piauhyensis
Rötliche Haarnixe

<u>Familie:</u> *Nymphaeaceae* (Wasserrosengewächse).
<u>Verbreitung:</u> Mittel- und Südamerika.
<u>Aussehen:</u> Stengelpflanze; etwa 50 cm hoch. An jedem Stengelknoten drei Blätter, Blattspreiten feingefiedert,rötlich. Bei flutenden Pflanzen Schwimmblätter und sehr schöne, rotviolette Blüten möglich.
<u>Pflege:</u> Weiches Wasser, starkes Licht (bei ungenügender Beleuchtung nicht haltbar) und Eisendüngung unbedingt notwendig! Bei CO_2-Düngung kann das Wasser etwas härter sein. Braucht sauberes Wasser und sauberen Boden. Vor Mulm und Veralgung schützen!

Nur zarte Fische einsetzen.
<u>Licht:</u> 100 W/100 l.
<u>Wasser:</u> 24–28 °C; 2–8 °dKH; pH 6,0–6,8.
<u>Vermehrung:</u> Stecklinge.
<u>Standort:</u> In Gruppen im Mittel- oder Hintergrund. Paßt gut zu großblättrigen Pflanzen.
<u>Hinweis:</u> Erst seit den fünfziger Jahren ist die Rötliche Haarnixe als Aquarienpflanze bekannt. Wie fast alle *Cabomba*-Arten ist sie ein heikler Pflegling. Schon kleine Abweichungen von ihren anspruchsvollen Haltungsbedingungen führen zu schlechtem Pflanzenwuchs. Nur bei besten Lichtverhältnissen, stets sauberem Wasser sowie einem gleichbleibend ausgeglichenem Eisenangebot gedeiht die Pflanze und zeigt die schöne

rötlich-braune Färbung in der oberen Stengelregion. Im Gegensatz zu manchen anderen Aquarienpflanzen kann die weiches Wasser bevorzugende Rötliche Haarnixe nicht das in härterem Wasser an Bikarbonate und Karbonate gebundene Kohlendioxid herauslösen und verbrauchen (→ Biogene Entkaltung, Lexikon). Deshalb ist eine kontinuierliche Zuführung von Kohlendioxid (CO_2) nötig, wenn die Pflanze in härterem Wasser gehalten wird. Wer die hohen Ansprüche der *Cabomba*-Arten erfüllt, hat eine faszinierend schöne Aquarienpflanze in seinem Becken.

Stengelpflanzen

1 *Ceratophyllum demersum* treibt frei unter der Wasseroberfläche und bildet dort dichte Bestände.

2 *Didiplis diandra* blüht im Aquarium.

1 *Ceratophyllum demersum*
Gemeines Hornkraut

Familie: *Ceratophyllaceae* (Hornblattgewächse).
Verbreitung: Weltweit.
Aussehen: Stengelpflanze; etwa 50 cm hoch. Wurzellose Pflanze mit dichten Quirlen aus gabelig geteilten Blättern; Blätter dunkelgrün, deutlich gezähnt. Treibt frei unter der Wasseroberfläche und verzweigt sich dort zu dichten Polstern. Kann sich mit wurzelähnlichen Ersatzorganen (Rhizoiden) aus umgewandelten Blättern im Boden verankern. Kleine Blüten in den Blattquirlen möglich (→ Foto Umschlagseite 3).
Pflege: Bei optimalen Haltungsbedingungen sehr wüchsig; regelmäßig ausdünnen, nimmt sonst den Bodenpflanzen das Licht weg.
Licht: 35 W/100 l (oder mehr).
Wasser: 15–30 °C (30 °C kurzfristig); 5–15 °dKH; pH 6,0–7,5.
Vermehrung: Seitensprosse.
Standort: Überall im Aquarium.
Tip: Gut geeignet für Kaltwasserbecken und Zuchtbecken (Laichsubstrat und Versteck für abgelaichte Weibchen und für die Jungtiere).

2 *Didiplis diandra*
Wasserportulak
Amerikanischer Sumpfquendel

Familie: *Lythraceae* (Weiderichgewächse).
Verbreitung: Nordamerika.
Aussehen: Stengelpflanze; 15 cm hoch. Submers aufrechte, emers kriechende Pflanze. Blätter kreuzgegenständig, hellgrün; Triebspitzen bei hellem Licht leicht rötlich überlaufen. Kleine bräunliche Blüten in den Blattachseln, auch bei submerser Haltung.
Pflege: Verzweigt sich intensiv, deswegen nicht zu dicht pflanzen. Gute Beleuchtung und regelmäßige Düngung (Eisen) notwendig.
Licht: 75 W/100 l.
Wasser: 22–28 °C; 2–12 °dKH; pH 5,8–7,2.
Vermehrung: Stecklinge.
Standort: In lockeren Gruppen im Vorder- oder Mittelgrund.

Stengelpflanzen

3 Egeria densa ist eine robuste Anfängerpflanze.

4 Hemianthus (Micranthemum) micranthemoides.

3 *Egeria densa*
Argentinische Wasserpest

Familie: *Hydrocharitaceae*
(Froschbißgewächse).
Verbreitung: Argentinien, Paraguay, Brasilien.
Aussehen: Stengelpflanze; 50 cm
hoch und darüber. Am freifluten-
den, etwas brüchigen Stengel
hellgrüne, quirlständige Blätter,
je 3–5 an einem Quirl. Einzelblätter
mit sehr fein gezähnten Rändern.
Bei Tageslichteinfall an flutenden
Trieben ab und zu weißliche Blüten.
Pflege: Braucht im Tropenbecken
regelmäßige Düngergaben und viel
Licht. Gedeiht bei CO_2-Düngung
auch in sehr hartem Wasser.
Licht: 50 W/100 l.

Wasser: 15–25 °C; 8–18 °dKH und
mehr; pH 6,5–7,5.
Vermehrung: Stecklinge.
Standort: Hintergrund und Seiten-
partien; in Gruppen setzen.
Tip: Guter Sauerstoffspender für
alle Aquarien. Eignet sich gut für
Aquarien mit Lebendgebärenden
Zahnkarpfen oder Amerikanischen
Sonnenbarschen. Ideal für Anfän-
ger.

4 *Hemianthus (Micranthe-*
mum) micranthemoides
Amerikanisches Perlkraut

Familie: *Scrophulariaceae*
(Rachenblütler).
Verbreitung: Kuba, südöstliche
USA.

Aussehen: Stengelpflanze; bis
40 cm hoch. Wächst submers
aufrecht, emers kriechend. Wasserblätter länglich-oval, sitzend, zu
dritt oder zu viert in Quirlen, hellgrün. Verzweigt sich intensiv.
Pflege: Büschelweise pflanzen!
Braucht viel Licht, regelmäßig
düngen. Empfindlich gegen try-
paflavinhaltige Fischmedikamente
und Algenbekämpfungsmittel.
Licht: 75 W/100 l (oder mehr).
Wasser: 22–28 °C; 2–12 °dKH;
pH 6,0–7,0.
Vermehrung: Stecklinge.
Standort: Im Vordergrund als
Polsterpflanze (dann ab und zu
zurückschneiden!) oder im Mittelgrund als kleine Hecke. Gut geeignet, um verkahlte Stengel von
Hintergrundpflanzen zu verdecken.

Stengelpflanzen

1 Heteranthera zosterifolia mit Blüte.

2 Hydrocotyle leucocephala ist einfach zu pflegen.

1 Heteranthera zosterifolia
**Seegrasblättriges
Trugkölbchen**

Familie: *Pontederiaceae*
(Wasserhyazinthengewächse).
Verbreitung: Nordargentinien, Südbrasilien, Bolivien, Paraguay.
Aussehen: Stengelpflanze; etwa
50 cm hoch. Blätter wechselständig,
sitzend, schmal-lanzettlich; an den
Sproßspitzen dichte Blattschöpfe.
Raschwüchsig, verzweigt sich
intensiv an flutenden Trieben; nur
bei Sonne und starkem Tageslicht
manchmal blauviolette Blüten.
Pflege: Nach jedem Wasserwechsel
mit eisenhaltigem Dünger düngen!
Licht: 75 W/100 l.
Wasser: 22–28 °C; 3–15 °dKH;
pH 6,0–7,5.

Vermehrung: Stecklinge.
Standort: An den Seiten und im
Mittel- oder Hintergrund aufrecht-
wachsend in lockeren Gruppen; für
den Vordergrund als Polsterpflanze
Kurzstecklinge (Stengelteile mit je
einem kurzen Seitentrieb) schräg in
den Boden stecken, sie bilden bei
starkem Licht kriechende Sprosse.

2 Hydrocotyle leucocephala
Brasilianischer Wassernabel

Familie: *Apiaceae*
(Doldenblütler).
Verbreitung: Brasilien.
Aussehen: Stengelpflanze; etwa
50 cm hoch. Blätter wechselständig,
rundlich bis nierenförmig mit etwas
eingebuchteten Rändern. An den
Stengelknoten feine Wurzeln.

Pflege: Schnellwüchsig, Gruppe
muß häufig aus Kopfstecklingen
neu formiert werden, der abge-
schnittene untere Stengelteil treibt
nur selten aus und wird besser
entfernt. An der Wasseroberfläche
flutende Triebe verzweigen sich
intensiv, nehmen dadurch den anderen Pflanzen das Licht, deshalb
regelmäßig auslichten! Lichtbedürftig, sonst anspruchslos. Bei emerser
Kultur und Tageslicht mit etwas
Sonne gelegentlich weiße Blüten.
Licht: 75 W/100 l.
Wasser: 20–28 °C; 2–15 °dKH;
pH 6,0–7,5.
Vermehrung: Stecklinge.
Standort: In Gruppen im Hintergrund oder an den Seiten.

Stengelpflanzen

4 Hygrophila difformis, eine anspruchslose, aber sehr dekorative Aquarienpflanze, die für Anfänger oder für neueingerichtete Becken sehr zu empfehlen ist.

3 Hygrophilia corymbosa hat braune Stengel.

3 Hygrophila corymbosa
Großer Wasserfreund

Familie: *Acanthaceae* (Akanthusgewächse).
Verbreitung: Indien, Malaysia, Indonesien.
Aussehen: Stengelpflanze; etwa 60 cm hoch. Blätter kreuzgegenständig, lanzettlich, kirschbaumähnlich. Stengel braun. Verschiedene Formen mit schmalen, breiten und roten Blattspreiten im Handel.
Pflege: Raschwüchsig, anpassungsfähig, aber in zu saurem Wasser kleinblättrig, gelbsüchtig und fleckig (wie alle *Hygrophila*-Arten). Benötigt regelmäßige Eisendüngung, vor allem die rotblättrigen Formen, sie brauchen auch mehr Licht als die grünen. Regelmäßig stutzen und neu stecken. Verzweigung erst nach Rückschnitt.
Licht: Etwa 50 W/100 l.
Wasser: 22–28 °C; 2–15 °dKH; pH 6,5–7,5.
Vermehrung: Stecklinge.
Standort: Gruppenweise im Hintergrund sowie an den Seiten, auch im Mittelgrund oder solitär – als Blickfang – in kleinen Aquarien.

4 Hygrophila difformis
Indischer Wasserstern

Familie: *Acanthaceae* (Akanthusgewächse).
Verbreitung: Indien, westliches Hinterindien.
Aussehen: Stengelpflanze; etwa 50 cm hoch. Blätter kreuzgegenständig, gestielt. Submerse Blätter tief fiederschnittig. Aussehen variabel: Blätter bei Kälte nur klein, gelappt statt gefiedert; bei Lichtmangel nur schwach gefiedert und lange Internodien. Wurzeln an den Stengelknoten. Zuchtform (»Weißgrün«) mit weißen Blattadern.
Pflege: Braucht nährstoffreichen Boden, regelmäßige Nachdüngung mit eisenhaltigem Flüssigdünger und gutes Licht, CO_2-Düngung empfehlenswert. Bei Eisenmangel Chlorose.
Licht: 75 W/100 l.
Wasser: 23–28 °C; 2–15 °dKH; pH 6,5–7,5.
Vermehrung: Stecklinge, ausläuferähnliche Seitentriebe.
Standort: In Gruppen im Vorder- und Mittelgrund; in kleinen Aquarien auch solitär.

Stengelpflanzen

2 Limnophila aquatica wächst nur bei guter Beleuchtung und regelmäßiger Eisendüngung kompakt und prächtig.

1 Hygrophila polysperma verzweigt sich stark.

1 *Hygrophila polysperma*
Indischer Wasserfreund

Familie: *Acanthaceae* (Akanthusgewächse).
Verbreitung: Indien.
Aussehen: Stengelpflanze; 60 cm hoch. Blätter kreuzgegenständig, lanzettlich, grün bis bräunlich.
Pflege: Verzweigt sich stark, deshalb nicht zu dicht stecken. Gruppen regelmäßig stutzen, auslichten, verjüngen. Anspruchslos, regelmäßige Düngergaben empfehlenswert.
Licht: 50 W/100 l.
Wasser: 20–30 °C; 2–15 °dKH; pH 6,5–7,8.
Vermehrung: Stecklinge.
Standort: In Gruppen im Mittel- und Hintergrund.

2 *Limnophila aquatica*
Großblättriger Sumpffreund

Familie: *Scrophulariaceae* (Rachenblütler).
Verbreitung: Indien, Sri Lanka.
Aussehen: Stengelpflanze; etwa 50 cm hoch. Blätter in 3- bis 12zähligen Quirlen, mehrfach gefiedert, die einzelnen Blattsegmente nahezu fadendünn. Durchmesser von gut entwickelten Pflanzen bis 12 cm.
Pflege: Anspruchsvollste Limnophila-Art, lichtbedürftig, wächst nur bei guter Beleuchtung kompakt. Regelmäßige Eisengaben nötig! Verträgt weiches Wasser besser als hartes.
Licht: 75 W/100 l.
Wasser: 24–27 °C; 3–12 °dKH; pH 6,5–7,5.
Vermehrung: Stecklinge, den oberen Pflanzentrieb verwenden (etwa 12 cm), da dieser den Vegetationskegel (→ Lexikon) enthält.
Standort: Nur für hohe Aquarien zu empfehlen, da zu häufiges Einkürzen und Neustecken in flachen Becken Kümmerformen ergibt. Steht am besten vor dunklem Hintergrund. Paßt gut zu breitblättrigen, dunkelgrünen oder roten Pflanzen.

Stengelpflanzen

3 Limnophila sessiliflora nicht zu dicht pflanzen.

4 Ludwigia repens, eine beliebte Aquarienpflanze.

3 *Limnophila sessiliflora*
Blütenstielloser Sumpffreund

Familie: *Scrophulariaceae*
(Rachenblütler).
Verbreitung: Tropisches
Südostasien.
Aussehen: Stengelpflanze; etwa
50 cm hoch. Sproßachse mit ge-
fiederten und gabelig geteilten
Blättern, die in 8- bis 13zähligen
Quirlen stehen. Die Sproßspitzen
färben sich bei guter Beleuchtung
leicht rötlich.
Pflege: An höhere Wasserhärte
anpassungsfähiger als *Limnophila
aquatica.* Regelmäßige Eisengaben
unbedingt notwendig! Sehr lichtbedürftig. Zu prächtigem Wachstum
ist ein unbeschatteter Standort
wichtig. An der Wasseroberfläche

flutende Sprosse verzweigen sich
willig, verkahlen aber oft unten.
Rechtzeitig verjüngen, Gruppen
nicht zu dicht stecken!
Licht: 75 W/100 l.
Wasser: 22–28 °C, 3–15 °dKH;
pH 6,0–7,5.
Vermehrung: Stecklinge.
Standort: In Gruppen im Mittel-
und Hintergrund.

4 *Ludwigia repens*
Kriechende Ludwigie

Familie: *Onagraceae*
(Nachtkerzengewächse).
Verbreitung: Tropisches Nord- und
Mittelamerika.
Aussehen: Stengelpflanze; etwa
50 cm hoch. Blätter kreuzgegen-
ständig, kurzgestielt, rundlich bis

breit-eiförmig, Oberseite olivgrün,
Unterseite rötlich bis tiefrot;
Färbung lichtabhängig, bei schwachem Licht bleibt die Pflanze blaß.
Variable Art in verschiedenen
Wuchsformen. Bei emerser Haltung
können sich kleine Blüten mit
gelben Kronblättern bilden.
Pflege: Verträgt kühleres Wasser
besser als zu warmes; braucht nährstoffreichen Boden und regelmäßiges Nachdüngen nach jedem Wasserwechsel. Verzweigt sich reichlich, daher beim Pflanzen auf genügend Seitenabstand achten!
Licht: 50 W/100 l.
Wasser: 20–30 °C; 2–15 °dKH;
pH 5,5–7,5.
Vermehrung: Stecklinge.
Standort: In Gruppen im Mittelgrund und an den Seiten.

Stengelpflanzen

2 *Rotala macranda* vergrünt bei schwachem Licht. Gute Beleuchtung und regelmäßige Eisengaben erhalten die rote Färbung.

1 *Myriophyllum aquaticum* ist eine gute Ablaichpflanze.

1 *Myriophyllum aquaticum*
Brasilianisches Tausendblatt

Familie: *Haloragaceae* (Seebeerengewächse).
Verbreitung: Südamerika, im südlichen Nordamerika eingebürgert.
Aussehen: Stengelpflanze; 50 cm hoch. Sproßachse verzweigt. Feingefiederte Wasserblätter in 3- bis 6zähligen Quirlen. Bei guter Beleuchtung Sproßspitzen rötlich. An der Wasseroberfläche flutende Triebe können kammartige derbe Luftblätter bilden.
Ähnliche Art: *Myriophyllum matogrossense* (Rotes Tausendblatt) – kleiner, bei intensiver Beleuchtung und Eisendüngung Blättchen rotbraun.

Pflege: Nicht zu oft stutzen, aber auslichten, bevor sie den Bodenpflanzen zuviel Licht wegnimmt! Düngung und CO_2-Zusatz fördern kräftigen Wuchs.
Licht: Etwa 50 W/100 l.
Wasser: 18–30 °C; 2–15 °dKH; pH 5,0–7,5.
Vermehrung: Stecklinge.
Standort: In Gruppen im Hintergrund.
Tip: Gute Ablaichpflanze.

2 *Rotala macrandra*
Rotweiderich

Familie: *Lythraceae* (Weiderichgewächse).
Verbreitung: Indien.
Aussehen: Stengelpflanze; 50 cm hoch. Blätter kreuzgegenständig, sitzend, breit-eiförmig bis elliptisch, olivbraun bis dunkelrotbraun.
Pflege: Stengel und Blätter druckempfindlich. Anfällig gegen Schneckenfraß. Starkes Licht, gedüngter Boden und regelmäßige Eisengaben sind notwendig, um die rote Farbe zu erhalten und zu vertiefen. Pflanze vergrünt bei schwachem Licht. Auch bewegtes Wasser und niedrige pH-Werte kommen der roten Farbe zugute.
Licht: 75 W/100 l.
Wasser: 25–30 °C; 2–15 °dKH; pH 6,0–7,0.
Vermehrung: Stecklinge.
Standort: In Gruppen als Blickfang. Paßt gut zu grünen, feinfiedrigen Pflanzen.
Tip: Nicht in Aquarien mit lebhaften, wühlenden Fischen halten.

Stengelpflanzen

3 Rotala rotundifolia ist anpassungsfähig.

4 Shinnersia rivularis wird über 100 cm hoch.

3 *Rotala rotundifolia*
Rundblättrige Rotala

Familie: *Lythraceae*
(Weiderichgewächse).
Verbreitung: Südostasiatisches
Festland.
Aussehen: Stengelpflanze; etwa
50 cm hoch. Wuchs submers
aufrecht, emers kriechend. Blätter
kreuzgegenständig (selten in 3- bis
4zähligen Quirlen), Form variabel,
meist länglich-oval, auch schmal-
lanzettlich oder fast rund.
Ähnliche Art: *Rotala wallichii*
(Quirlblättrige Rotala) – Blättchen
nadelförmig, haarfein, quirlständig.
Wird ähnlich gepflegt wie *Rotala
rotundifolia,* braucht aber weiches
Wasser und pH-Werte von 5,0–6,5.

Pflege: Bodendüngung, regelmäßi-
ger Wasserwechsel und eisenhalti-
ger Flüssigdünger nötig für zügiges
Wachstum und rötliche Farbe.
Licht: 50 W/100 l.
Wasser: 20–30 °C; 2–15 °dKH;
pH 5,5–7,2.
Vermehrung: Stecklinge.
Standort: In Gruppen im Mittel-
und Hintergrund.

4 *Shinnersia rivularis*
Mexikanisches Eichenblatt

Familie: *Asteraceae*
(Korbblütler).
Verbreitung: Nordmexiko.
Aussehen: Stengelpflanze; 100 cm
hoch (und höher). Blätter kreuz-
gegenständig, am Rand mehrfach
eingebuchtet oder tiefer gelappt,
sattgrün (Zuchtform mit weißen
Blattnerven im Handel). Sehr
schnellwüchsig (bis 40 cm pro
Woche), bildet lange Internodien,
erst in der Nähe der Lichtquelle
werden die Blätter dichter. Die
Triebe fluten und verzweigen sich;
Neutriebe über die ganze Länge der
Sproßachse.
Pflege: Anspruchslos. Nur für große
Aquarien zu empfehlen, da sonst
wöchentliches Auslichten unbedingt nötig (führt bald zu Kümmerwuchs).
Licht: 75 W/100 l.
Wasser: 20–28 °C; 2–15 °dKH;
pH 5,5–7,5.
Vermehrung: Stecklinge.
Standort: In Dickichten oder in
ständig zurechtgestutzten Gruppen
im Hintergrund oder an den Seiten.

Farne

1 *Bolbitis heudelotii auf Wurzeln oder Steine binden.*   2 *Ceratopteris thalictroides vermehrt sich sehr gut.*

1 *Bolbitis heudelotii*
Kongo-Wasserfarn

<u>Familie:</u> *Aspleniaceae* bzw.
Lomariopsidaceae (Streifenfarn-
gewächse).
<u>Verbreitung:</u> Äthiopien bis
Südafrika.
<u>Aussehen:</u> Farngewächs; in der
Natur bis 50 cm, im Aquarium
oft nur 20 cm hoch. Kriechendes
Rhizom. Blätter gestielt, dunkelgrün, hart, etwas brüchig; Blattspreite gelappt und gefiedert.
Wächst im Freiland in der Spritz-
wasserzone von reißenden Bächen.
Wurzelt unter Wasser, Blätter
emers, zur Regenzeit vollständig
untergetaucht.
<u>Pflege:</u> Rhizom auf Wurzelholz oder
Stein (Lava) aufbinden. Braucht bei

submerser Haltung bewegtes,
sauberes Wasser und ab und zu
etwas Dünger.
<u>Licht:</u> 30 W/100 l.
<u>Wasser:</u> 22–26 °C; 2–12 °dKH;
pH 5,8–7,0.
<u>Vermehrung:</u> Rhizomteilung oder
Seitensprosse am Rhizom.
<u>Standort:</u> Solitär oder an beschatte-
ten Stellen im Hintergrund oder an
den Seiten.

2 *Ceratopteris thalictroides*
Sumatrafarn
Wasser-Hornfarn

<u>Familie:</u> *Parkeriaceae*
(Hornfarngewächse).
<u>Verbreitung:</u> Tropen, weltweit.
<u>Aussehen:</u> Farngewächs; bis 50 cm
hoch. Dichte Rosette, hellgrün,

Blattspreiten tief fiederschnittig.
Große, feinverzweigte Wurzel-
büsche. Der Wasserhornfarn (*Ceratopteris cornuta*) und der Schwim-
mende Hornfarn (*Ceratopteris
pteridoides*) werden oft nur als
Wuchsformen von *Ceratopteris
thalictroides* bezeichnet.
<u>Pflege:</u> Raschwüchsig in gut
gedüngtem Wasser, vermehrungs-
freudig! Nicht zu tief pflanzen, die
Ansatzstelle der Wurzeln muß über
dem Bodengrund sichtbar sein.
<u>Licht:</u> 50 W/100 l.
<u>Wasser:</u> 22–30 °C; 5–15 °dKH;
pH 6,5–7,5.
<u>Vermehrung:</u> Adventivpflanzen an
den Blatträndern, sehr produktiv.
<u>Standort:</u> Solitär, in großen Aqua-
rien gruppenweise im Hintergrund.
Auch als Schwimmpflanze.

Farne / Moos

3 *Microsorium pteropus ist gut geeignet für Cichlidenaquarien.*

4 *Riccia fluitans.*

5 *Vesicularia dubyana.*

3 *Microsorium pteropus*
Javafarn

Familie: *Polypodiaceae*
(Tüpfelfarngewächse).
Verbreitung: Tropisches Südost-
asien.
Aussehen: Farngewächs; etwa
20 cm hoch. Rhizom kriechend,
grün. Blätter einzeln, gestielt, lan-
zettlich, selten dreilappig.
Pflege: Rhizom nicht einpflanzen,
auf Holz oder Steine aufbinden.
Licht: 30 W/100 l.
Wasser: 20–28 °C; 2–12 °dKH;
pH 5,5–7,5.
Vermehrung: Adventivpflanzen an
Blättern und Wurzeln, auch
Rhizomteilung möglich.
Standort: Solitär oder in Gruppen
im Vorder- und Mittelgrund.

4 *Riccia fluitans*
Teichlebermoos

Familie: *Ricciaceae*
(Sternlebermoosgewächse).
Verbreitung: Weltweit.
Aussehen: Moos; Länge des Vege-
tationskörpers (Thallus) etwa 2 cm.
Schwimmpflanze oder auf Substrat
haftend. Thallus flach, gabelig ver-
zweigt, oft mit anderen verfilzt und
dichte Polster bildend.
Pflege: Anspruchslos, regelmäßig
ausdünnen. Ganz weiches, nähr-
stoffarmes Wasser wird nicht lange
vertragen, rechtzeitig nachdüngen!
Keine starke Wasserbewegung.
Licht: 50 W/100 l (oder weniger).
Wasser: 15–30 °C; 5–15 °dKH;
pH 6,0–8,0.
Vermehrung: Teilung der Polster.

5 *Vesicularia dubyana*
Javamoos

Familie: *Hypnaceae*
(Schlafmoosgewächse).
Verbreitung: Indien, Malaya, Java.
Aussehen: Moos mit dünnem Sten-
gel und zwei Reihen von kleinen,
lanzettlichen Blättchen. Einzelblätt-
chen bis 4 mm lang. Haftet mit Rhi-
zoiden auf Stein, Holz oder dem
Bodengrund. Verzweigt sich reich-
lich und bildet dichte Polster.
Pflege: Einpflanzen nicht nötig,
anspruchslos.
Licht: um 25 W/100 l.
Wasser: 20–30 °C; 2–15 °dKH;
pH 5,8–7,5.
Vermehrung: Teilung der Polster.
Tip: Gut geeignet als Ablaichpflanze
für Bodenlaicher.

Register

Die **halbfett** gesetzten Seitenzahlen verweisen auf Farbfotos und Zeichnungen.
U = Umschlagseite.

Lebensraum Wasser

Ein Aquarium oder Terrarium bringt eine Fülle faszinierender Erlebnisse mit sich. Für die artgerechte Haltung und Pflege der „Bewohner" ist fundiertes Wissen von Anfang an jedoch unerläßlich. Die GU Ratgeber machen deutlich, worauf es ankommt: Experten geben präzise Anleitungen und nützliche Tips. Dazu gibt es bildschöne Farbfotos.

Weitere Titel aus dieser Reihe:

◆ Aquarienfische züchten
◆ Buntbarsche/Cichliden
◆ Goldfische und Kois
◆ Killifische
◆ Echsen als Terrarientiere
◆ Schlangen

Ulrich Schliewen

DER GROSSE GU RATGEBER

WASSERWELT
AQUARIUM

300 Süßwasserfische und Pflanzen in Gesellschafts-, Art- und Biotop-aquarien. Experten-Rat fürs Einrichten, Bepflanzen, Pflegen und Züchten.

❚ DM 39,–

❚ DM 14,80

❚ DM 19,80

❚ DM 12,80
Ideal für Einsteiger.

❚ DM 19,80

Irrtum und Änderung vorbehalten. Stand: 3/92 · vwi

Mehr draus machen.
Mit GU. GU GRÄFE UND UNZER

Paradiesisch

Das schönste Grün und die prächtigsten Blüten: Die GU Pflanzen-Ratgeber erklären vorbildlich, wie man's schafft. Mit präzisen Pflegeanleitungen von Experten und brillanten Farbfotos.

Weitere Titel aus dieser Reihe:

- ◆ Bambus in Haus und Garten
- ◆ Begonien für Zimmer, Balkon und Garten
- ◆ Begrünen von Haus und Balkon
- ◆ Grünpflanzen fürs Zimmer
- ◆ Kakteen
- ◆ Kübelpflanzen
- ◆ Küchenkräuter biologisch ziehen
- ◆ Orangen, Zitronen und andere Citruspflanzen
- ◆ Palmen
- ◆ Zimmerpflanzen-Pflege
- ◆ Große GU Pflanzen-Ratgeber „Zimmerpflanzen" und „Balkon- und Kübelpflanzen"

Irrtum und Änderung vorbehalten. Stand: 3/92 · vwi

DM 14,80

DM 16,80

DM 16,80

DM 14,80

DM 19,80

Mehr draus machen. Mit GU.

Die Fotos auf dem Umschlag
Umschlagvorderseite: Amazonas-Schwertpflanze.
Umschlagseite 2: Holländisches Aquarium.
Umschlagseite 3: Aquarienpflanzen und ihre Blüten.
Umschlagrückseite: Üppig bepflanztes Aquarium.

Bücher, die weiterhelfen
Hellner, S.: *Killifische/Eierlegende Zahnkarpfen.* Gräfe und Unzer Verlag, München.
Hieronimus, H.: *Guppy, Platy, Molly und andere Lebendgebärende.* Gräfe und Unzer Verlag, München.
Jauch, D.: *Goldfische und Kois.* Gräfe und Unzer Verlag, München.
Krause, H.-J.: *Wasser für unser Aquarium.* Kosmos Verlag, Stuttgart
Scheurmann, I.: *Aquarienfische züchten.* Gräfe und Unzer Verlag, München.
Scheurmann, I.: *Aquarium für Süßwasserfische und Pflanzen.* Gräfe und Unzer Verlag, München.
Schliewen, U.: *Der große GU Ratgeber Wasserwelt Aquarium.* Gräfe und Unzer Verlag, München.
Stadelmann, P.: *Das Aquarium.* Gräfe und Unzer Verlag, München.
Zurlo, G.: *Buntbarsche, Cichliden.* Gräfe und Unzer Verlag, München.
Wit, H.C.D. de: *Aquarienpflanzen.* Eugen Ulmer Verlag, Stuttgart

Zeitschriften
Das Aquarium. Birgit Schmettkamp Verlag, Bornheim.
DATZ. Aquarien Terrarien. Eugen Ulmer Verlag, Stuttgart.
Tl. Tetra Werke, Melle.

Adressen, die weiterhelfen
Arbeitskreis Wasserpflanzen im VDA, Gerd Eggers, Flachsbleiche 70, 4044 Karst
Bundesverband für fachgerechten Natur- und Artenschutz e.V. (BNA), Postfach 1110, 7521 Hambrücken.
Hinweis: Dachverband der Vereine und Verbände der privaten Tierhalter. Vertritt deren Interessen v.a. bei Belangen der Artenschutzgesetzgebung.
Verband Deutscher Vereine für Aquarien- und Terrarienkunde (VDA) e.V., Jürgen Grobe, Luxemburger Str. 16, 4630 Bochum
Hinweis: VDA gibt Auskunft über aktuelle Adressen von Aquarienverbänden in Ihrem Wohnbereich, hilft weiter bei Vermittlung von Kontakten (z.B. Hilfe bei Fischkrankheiten, Beschaffung von seltenen Fischen).
Österreichischer Verband für Vivaristik und Ökologie, Landesverband Niederösterreich, Richard Pfister, Langenlebarnerstr. 50, A-3430 Tulln
Nederlandse Bond "Aqua Terra" (NBAT), Administratie: Havenstraat 83, NL-1211 KH Hilversum
Belgische Bond voor Aquarium- en Terrariumkunde V.Z.W., Ledenadministratie: L. Vermeir, Egmont & Hoornstraat 36, B-1840 Londerzeel
Redaktion "aquaria", Vivaristische Fachzeitschrift mit Vereinsmitteilungen, Josef Zehnder, CH-9535 Wilen bei Wil
Hinweis: Adressen der Vereine und ihrer Vorsitzenden sowie Nachrichten aus diesen Vereinen veröffentlicht regelmäßig die DATZ, Aquarien Terrarien, das Organ des Verbandes Deutscher Vereine für Aquarien- und Terrarienkunde (VDA). Die Adresse Ihres Ortsvereins erfahren Sie bei Ihrem Zoofachhändler.

Wichtige Hinweise
In diesem Buch sind elektrische Geräte für die Aquarienpflege beschrieben. Bitte beachten Sie unbedingt die Hinweise auf Seite 19, da andernfalls schwerwiegende Unfälle passieren können.
Prüfen Sie vor der Anschaffung eines großen Aquariums die Belastbarkeit des Fußbodens in Ihrer Wohnung an dem vorgesehenen Standort. Wasserschäden durch Glasbruch, Überlaufen oder Leckwerden des Beckens kommen vor. Schließen Sie daher unbedingt eine Versicherung ab (→ Seite 19).
Achten Sie streng darauf, daß Kinder oder auch Erwachsene Aquarienpflanzen nicht essen. Es können erhebliche gesundheitliche Störungen auftreten.

Die Autorin
Ines Scheurmann, geboren 1950, Diplombiologin (Spezialgebiet: das Verhalten von Fischen) hat langjährige praktische Erfahrungen in der Pflege und Zucht von Aquarienpflanzen und -fischen. Sie ist Autorin der GU Aquarien-Ratgeber »Aquarium für Süßwasserfische und -pflanzen« und »Aquarienfische züchten«.

Die Fotografen:
Nieuwenhuizen: Seite U2/1, 4, 12, 24, 25, 40, 41, 64, 72 li., 80 re., 83 re., 84 re., 86 re., 89 re.o., U4; Reinhard: Seite 17; Kahl: alle übrigen Fotos.

Die Deutsche Bibliothek – CIP-Einheitsaufnahme

Scheurmann, Ines:
Pflanzen fürs Aquarium: Experten-Rat für Auswahl, Pflanzung, Pflege und Vermehrung; mit Bepflanzungsvorschlägen für kleine und große Aquarien / Ines Scheurmann. – 1. Aufl. – München: Gräfe und Unzer, 1992 (GU-Aquarien-Ratgeber) ISBN 3-7742-1582-0

1. Auflage 1992
© 1992 Gräfe und Unzer GmbH, München
Alle Rechte vorbehalten. Nachdruck, auch auszugsweise, sowie Verbreitung durch Film, Funk und Fernsehen, durch fotomechanische Wiedergabe, Tonträger, Datenverarbeitungssysteme jeder Art nur mit schriftlicher Genehmigung des Verlages.
Redaktionsleitung: Hans Scherz
Stellvertretende Redaktionsleitung: Renate Weinberger
Lektorat: Thomas Hagen, Gabriele Linke
Herstellung: Dieter Lidl
Produktion: Johannes Schmidt-Thomé
Umschlaggestaltung: Heinz Kraxenberger
Satz: Compusatz
Repro: O. K. Meyer
Druck- und Bindearbeiten: Kaufmann
ISBN: 3-7742-1582-0

Ammannia gracilis, Blüte.

Zierliche Kognakpflanze (Ammannia gracilis).

Pflanzen im Aquarium zum Blühen zu bringen ist eine reizvolle Sache, doch nicht ganz einfach zu bewerkstelligen. Manche Pflanzen blühen nur über Wasser die meisten müssen „per Hand" bestäubt werden (→ Seite 44). In jedem Fall sind optimale Haltungsbedingungen die wichtigste Voraussetzung für den Erfolg.

Gitterpflanze (Aponogeton madagascariensis).

Gitterpflanze, Blüte.

Wasser-Haarnixe, Blüte.

Carolina-Haarnixe, Blüte.